EXISTIR SUAVECITO

MALVESTIDA

presenta

EXISTIR SUAVECITO

Una antiguía para vivir en tus propios términos

 Planeta

A quienes
imaginan
–y crean–
otros mundos
posibles.

ÍNDICE

Prólogo — 10

Introducción — 14

Capítulo 1
El dilema de ser tú mismx — 19

Capítulo 2

**No todo lo que
brilla es oro**   **81**

Capítulo 3

**Tu cuerpo
es tu casa**   **143**

Nota final   **204**

Agradecimientos   **207**

Prólogo

Estoy segura de que si hubiera leído este libro durante mi proceso personal, me habría ahorrado tiempo, preguntas, dolores, dietas dañinas (y en exceso costosas), inseguridades, malas compañías y una montaña de culpa que nunca debí comprarme.

Los pensamientos expresados aquí, tan solo por el hecho de existir, me parecen ya un acto de resistencia. Abren puertas y crean espacios de contención, reflexión y conversación que se nos habían negado a lo largo de la historia y, por ello mismo, hoy solo puedo nombrarlos como revolucionarios. Porque a muchxs nos tocó ir descubriendo casi a ciegas o por accidente innumerables situaciones que aquí se leen. Y fue cuando nos estrellamos una y otra vez con una norma que no nos representaba, cuando las injusticias nos hacían sentir prácticamente que teníamos que pedir permiso para existir o cuando nuestra propia cabeza, ya atormentada, nos había perfilado para ser o no ser en un mundo que no está hecho para nosotrxs, que nos empezábamos a cuestionar.

Como el cuento del patito feo: no sé si te acuerdas, pero el patito feo no era un patito feo, de hecho, ni siquiera era un pato, sino que era un cisne. Ese es el final del cuento (perdón por el *spoiler*).

Preguntarme «¿Soy el patito feo?, ¿o es que nadie tomó en cuenta que soy un cisne?» me ayudó a considerar los pequeños detalles sistémicos, y fueron estos los que produjeron un gran cambio en mi vida: cuando entendí que verme o no femenina era una exigencia (binaria) externa; cuando me reconocí por primera vez como víctima por herencia maternal de la cultura de dietas; cuando me acepté también como gordofóbica; cuando me di cuenta de la visión particular, individual y cegadora de mis privilegios; cuando me pregunté por relaciones fuera de la norma; cuando descubrí —a la mala— que no usar brasier era un acto político; o cuando escuché por primera vez que la culpa no era mía, ni de dónde estaba, ni de cómo vestía. También advertí que había caído en la trampa de creerme el cuento de que era la única que vivía sujeta por estas narrativas, cuando en realidad es todo lo contrario. No solo no era un caso aislado: era la norma. A todxs lxs cisnes nos dijeron lo mismo y los patos escribieron los libros. Percatarme de todo esto me ayudó a sanar muchos aspectos.

Por fortuna, en mi camino me topé con representaciones cada vez más fieles de quien era, podía ser o quería ser, y no tanto de aquello que me dijeron que tenía que ser. Por eso este libro me parece una revolución. Cada página es un acto de desafío y tú, por tenerlo en tus manos, ya estás cambiando el mundo.

Tal vez suena un poco cliché y de tía decir «En mis tiempos, esto no habría sucedido», a pesar de que soy *millennial* (¿o *zillennial*? Ya no sé) y de que realmente «mis tiempos» siguen siendo estos, pero creo que este sentimiento es solo una señal muy evidente de cómo están cambiando las cosas y de que sí hemos obtenido pequeñas victorias en un camino que a veces parece interminable, lleno de obstáculos e imposible de recorrer. Este libro es eso: una victoria. Porque no solo en mis tiempos esto no habría sucedido, sino que era todo lo contrario. Aprendí, al igual que muchxs, creencias impuestas que llevaban a los mismos miedos y culpas de siempre, vergüenzas, tristezas, inconformidades y, no pocas veces, violencias. Lo aprendimos en casa, en nuestros contextos inmediatos y nuestros grupos sociales, e incluso por lo que vemos en la tele, los medios y la educación tradicional.

Este texto nos da las herramientas para preguntarnos ¿siempre fue así?, ¿por qué y quién decidió que fuera de esta manera?, ¿para qué y a quién beneficia? ¿SOY YO O ES EL CAPITALISMO? Hablar entre nosotrxs, crear y abrir nuevos espacios es lo que va a cambiar el mundo.

Si no hubiera personas que se lo cuestionaran e históricamente desafiaran e incomodaran esas normas, las cosas no estarían cambiando, este libro tal vez no existiría y yo seguiría en dietas cetogénicas.

Gracias, Malvestida, por tu revolución, por darnos un espacio para la deconstrucción desde el apapacho y el amor que es —a mi parecer— la única manera de sanar tantas heridas externas que ningunx de nosotrxs merecía. Gracias por existir y resistir.

Y gracias también a ti, que nos lees, por darte la oportunidad de cuestionarte. Estoy segura de que será un camino tan gratificante como retador.

Nath Campos

Introducción

Si tienes este libro entre tus manos, ¡felicidades! Esto solo puede significar una cosa: no tienes idea de khépedo con la vida. Y está bien, nosotrxs tampoco. Pero para eso estamos acá, para echarnos porras entre todxs, al estilo Malvestida.

Como quizás sabrás —y si no, te chismeamos—, Malvestida es un medio de comunicación que desde 2016 se ha dedicado a documentar y amplificar las historias de una generación latinoamericana que se define en sus propios términos y nunca deja de cuestionarse. Pero lo cierto es que, además de ser eso, Malvestida se ha convertido en una comunidad hermosa de personas como tú, que celebran la diversidad, apuestan por la lucha colectiva y aman las buenas historias. Después de ocho años de recorrido, nos pareció que este era un buen momento para hacer un alto en el camino y así compartir algunas de las reflexiones y respuestas que hemos encontrado, como colectivo, a preguntas fundamentales, como ¿qué es *realmente* el éxito y cómo podemos dejar de sentirnos como impostorxs todo el tiempo? ¿Es posible sentirnos bien con nuestro cuerpo y levitar por el mundo sin que nos importen los estereotipos de belleza? Y, por último, ¿cómo podemos ser más felices, tratarnos bonito y construir una vida auténtica?

En estas páginas encontrarás reflexiones, entrevistas e ilustraciones que, lejos de ser la conclusión definitiva a nada, son excusas para seguir conversando y cuestionando por qué pensamos como pensamos y hacia dónde queremos caminar. Porque, si algo tenemos claro, es que nada es estático. Así que este libro es una invitación a abrazar el dinamismo de la vida y de ti mismx, a notar los cambios que suceden a tu alrededor, en tu interior y en tu forma de entender la vida, **TU VIDA.**

Aquí vas a ver de todo: drama, cuestionamientos, berrinches, chismecito, pero sobre todo, mucha sanación colectiva, porque en Malvestida somos testigxs de que existe un poder al compartir experiencias. Es como cuando piensas que eres la única persona en el mundo atravesando por una situación, pero de pronto te identificas en las vivencias de otras personas y te sientes acompañadx. Entiendes que a veces el problema no necesariamente está en ti, sino en el sistema que lo sostiene. Por eso hay que estar muy alerta y construir herramientas emocionales, mentales e, incluso, corporales, para no estrellarnos contra el planeta (o al menos para aprender a amortiguar el golpe).

Antes de que te adentres en este tu nuevo libro de confianza, te tenemos una buena y una mala noticia. ¿Cuál quieres primero?

La buena

Estás a punto de iniciar un viaje de autodescubrimiento fascinante y que nunca termina. En este libro recopilamos entrevistas, pensamientos e ilustraciones para acompañarte en el complejo proceso de redescubrir quién eres.

La mala

No hay verdades absolutas y tampoco gurús que tengan todas las respuestas. Así que, si esperabas soluciones mágicas a tus problemas, de antemano una disculpita, porque las diosas no nos dotaron con tanto poder.

Nuestra idea es que este libro te ayude, entre otras cosas, a navegar las contradicciones y a darle una patada ninja a los estereotipos y prejuicios que solo están ahí para hacerte sentir menos. Ante todo, esperamos que detone tus procesos internos, que despierte tu creatividad y que te permita encontrar pistas para acercarte a la versión de ti mismx que más te emocione.

Queremos que explores estas páginas a tu propio ritmo. Puedes comenzar desde el principio o por el final. Puedes devorarlo en una sola sesión o dejarlo reposar durante meses. Puedes usarlo como oráculo o como acompañante entre una ida al baño y otra. Cada quien, cada quien. Lo importante es que hagas lo que te siente bien a ti y que sepas que en este camino no vas solx, acá te acompañamos.

Entonces, sin más preámbulos, ponte cómodx. O, mejor, ponte incómodx, porque se viene un proceso de cuestionamiento que puede sacarte de tu zona de confort o invitarte a transitar por lugares un poco, ejem, «essssstraños». Pero no te preocupes, añadimos un toque de risas y humor para que te sea leve. Después de todo, Malvestida existe por y para las almas rebeldes y buscadoras, para quienes saben que es posible un mundo más amable y que no tienen miedo de cuestionar y hacer la chamba que haga falta, sin dejar de disfrutar y darse amor en el proceso. Es decir, Malvestida existe por y para ti.

¡Bienvenidx!

Una nota sobre el lenguaje inclusivo

El mundo en el que vivimos exige renovar constantemente la mirada, las ideas y las palabras con las que nombramos las cosas. Por eso, y por las razones que te exponemos a continuación, decidimos escribir este libro usando lenguaje inclusivo:

1. **Porque nos dio la gana.**
2. **Porque nuestras editoras nos dejaron.**
3. **Para sacarle ronchas a los cñoros de la RAE.**

Nocierto, pero sícierto.

En Malvestida apostamos por explorar esos lugares que a veces resultan difíciles de navegar, pero que nos acercan a nuevos entendimientos del mundo que nos rodea; el lenguaje es uno de ellos.

El lenguaje inclusivo surge de diversos movimientos de lucha como una forma de reflejar la diversidad de la sociedad en la que vivimos y ofrecer una alternativa que incluya a todas las personas, más allá del uso del genérico masculino. Podríamos discutir si usar la E o la X resulta lo más eficiente para ese propósito, pero al menos hoy es una apuesta política por nombrarnos a todas, todos, todxs y todes.

Si eres de las personas a las que el lenguaje inclusivo les parece un espanto, te prometemos que con el tiempo te acostumbras. Es como cuando tu maestra de la primaria usaba la @ en las circulares para escribir «Estimad@s papás y mamás». Si sobreviviste a eso, puedes con más.

Además, créenos, el lenguaje inclusivo va a ser el menor de tus problemas en este libro repleto de crisis existenciales compartidas.

Capítulo 1

El dilema de ser tú mismx

Bieeeeenvenidx a la vida adulta, bb

No sabemos si alguien te ha dado alguna vez un recibimiento formal al universo enigmático e impredecible que sigue después de la adolescencia, una etapa en la que se descubre que, lejos de lo que se creía, las personas adultas seguimos sin entender nada. Pero no te preocupes, porque este libro está diseñado para ser la compañía que hubiéramos deseado tener (sin importar la edad que tengas).

Para tu comodidad, te compartimos el kit básico de supervivencia para la vida adulta:

Kit básico de supervivencia para la vida adulta

- ☐ Caja de pañuelos
- ☐ Tolerancia a la frustración
- ☐ Bloqueador solar
- ☐ Antiácido estomacal
- ☐ Repelente de prejuicios
- ☐ Dominio de tu carta astral
- ☐ Rincón de confianza para llorar
- ☐ Termo con agüita para hidratarte
- ☐ Meditación para el insomnio
- ☐ Animalito de soporte emocional
- ☐ Curitas para el cora
- ☐ Instructivo para poner límites

Hay una infinidad de expectativas y creencias sobre lo que significa madurar o, como dirían tus tías, «ser una persona de bien». Entre ellas, estar en pareja (por si fuera poco, monógama y heterosexual); casarte (siempre antes de los treinta, ya lo dijo Shakira en el himno *Pies descalzos, sueños blancos*) y procrear. Además de tener un trabajo exitoso, estabilidad financiera, salud integral, belleza eterna, casa propia y ser ejemplo para la humanidad.

Y solo podemos pensar: ¿CON ESTA ECONOMÍA? ¿Dónde encontramos el hada madrina que haga realidad todos nuestros sueños?

El mundo todo el tiempo nos grita «sé tú», pero no tanto... O sea, sí sé tú, pero poquito. Sé tú, pero dentro de estos parámetros que como sociedad hemos definido que son «buenos» o «mejores».

Pero ¿qué pasa cuando esas ideas no van de acuerdo con lo que realmente sentimos, somos y pensamos? ¿En dónde podemos encontrar nuevos referentes para vivir la vida que realmente queremos? ¿Dónde se aprieta el botón de «pausa» para esta cosa loca llamada adultez?

No tenemos todas las respuestas, pero sí algunas ideas colectivas para aprender a existir de forma más suavecita, porque el proceso de cuestionar y descubrir nuestra identidad nunca termina.

Así que si estás *ready* para recorrer este libro a nuestro lado, y descubrir cosas sorprendentes sobre ti, di «TOY READY».

Pero dilo en voz alta, ¡grítalo! En serio. Se va a sentir superridículo, aunque qué más da. Ya hiciste algo diferente e inesperado el día de hoy.

El inicio de la crisis existencial

Si tuviéramos que hacer una lista de las frases más trilladas en la historia moderna de la humanidad, «sé tú mismx» tendría que estar en los primeros lugares; en el cuadro de honor junto a otros consejos genéricos como «todo pasa por algo» o «sigue tus sueños».

Hemos escuchado «sé tú mismx» hasta el cansancio, pero ¿realmente qué significa?, ¿cómo sé que ya llegué a ser quien se supone que soy o quiero ser en la vida? O peor aún, ¿qué tal si ni siquiera me caigo tan bien como para querer, efusivamente, ser yo?

Llora en crisis existencial

Sentir que te abrumas al plantearte estas preguntas es totalmente normal. Y quizá el primer paso para desentramar este viaje identitario es comenzar con un pequeño recordatorio: ser tú mismx no es algo estático. No es como que un buen día despiertas y finalmente llegas a ser quien eres.

Tú, aquí y ahora,
eres todas las
versiones que
existen de ti.
La suma de
cada suceso que
te ha llevado
hasta donde
estás en esta
metamorfosis
constante
llamada vida.

Así que no tienes que hacer algo específico para ganarte el derecho a ser tú, amistad. Ya lo eres.

Sin embaaaaargo, es verdad que también convivimos con el ideal de lo que aspiramos a ser, esa versión mejorada y aumentada que logra lo que se propone, tiene todo «bajo control», vibra altísimo y nunca se le quema el arroz.

Y aquí es donde empieza lo interesante, la odisea de acortar la brecha entre lo que somos y lo que queremos ser. Y, sobre todo, cómo hacerlo en nuestros propios términos cuando la presión social por seguir la norma es FOOOOERTE.

Pero a ver, vamos paso a pasito, que tenemos todo el tiempo del mundo. Bueno, al menos 208 páginas para tratar de entender cómo vivir una vida que se sienta más bonita.

¿Cómo sé quién soy?

Ponte una musiquita suave de fondo, porque estamos a punto de ponernos altamente filosofales-intenso-existenciales.

2 BUEN VIAJE
FÉMINA

3 NUNCA TRISTES
RENEE

1 YO NO NECESITO DE MUCHO
LAURA ITANDEHUI

4 MI VIDA COMO VACACIONES
EVE CALETTI

MUSIQUITA PARA LA CRISIS EXISTENCIAL

Pensar en quiénes somos es un ejercicio complejo, un acertijo con reglas escritas —y otras invisibles— que millones de personas han intentado descifrar a lo largo de la historia.

Desde la biología podemos definirnos como parte de una especie con características determinadas; o desde la espiritualidad como una experiencia mística creada por un poder superior. También es posible pensarnos desde la filosofía, psicología o la metafísica. Lo que es evidente es que saber quiénes somos se trata de una reflexión que nos obliga a cuestionar muchas de nuestras certezas.

Al centro de la experiencia del «ser» está nuestra identidad, conformada por múltiples factores, desde el lugar en el que nacimos, nuestra familia, nuestros gustos, la personalidad, el género, nuestras creencias, la cultura, los momentos de crisis. Es más, hasta tu signo zodiacal importa si lo tuyo es la astrología.

Cuando somos unas pequeñas criaturitas gran parte de nuestra identidad se moldea por lo que las demás personas —familia, profesores, sociedad— dicen que somos o no somos (holi, traumas de la infancia).

Nos enseñan cómo convertirnos en seres humanos. Incluso sin estar conscientes de ello aprendemos cómo amar, cómo expresar nuestras necesidades y nuestros afectos, cómo validarnos, etc. Y gran parte del reto de la vida adulta es confrontar o integrar lo que nos enseñaron con la persona que somos o queremos ser.

Para ahondar en cómo nuestra identidad se articula a través de las demás personas, entrevistamos a Siobhan Guerrero, una filósofa a la que *tqm* porque siempre logra expresar con palabras muchos temas que a veces son difíciles de explicar.

Como defensora de derechos humanos de las personas LGBTQ+, Siobhan sabe lo importante que es cuestionar el *statu quo* y ser protagonistas de nuestra propia historia.

«No eres tú, ¿soy yo?»

Siobhan explica que, si bien cada vida es única, la historia que nos contamos se va nutriendo de referentes que ya existen. Es decir, construimos nuestra identidad con un libreto prestado, pero conforme crecemos vamos definiendo nuestra propia voz, tomando decisiones sobre nuestros gustos y estilo, incluso contradiciendo el «deber ser» que nos enseñaron.

«*Siempre empezamos siendo un eco de otra vida hasta que vamos logrando construir nuestros propios ritmos y tiempos*».

Siobhan Guerrero,
filósofa mexicana

Eso explica perfectamente tu etapa neopunk experimental en la adolescencia... o en la adultez incluso, porque las narrativas que habitamos no son estáticas y tampoco lineales. Toda la vida estamos recalibrando nuestras creencias.

Aprendí a andar en patineta a los 30.

Recorrí todo el país sola en moto.

Reconocer nuestra identidad es nombrar conceptos, ideales y formas de entender el mundo que alguien más vertió sobre nosotrxs; no solo en nuestra familia, sino en la escuela, la calle, a través de la televisión o internet. Y eso no es necesariamente malo o bueno. Se trata de definir qué creencias nos sirven y cuáles no. O hasta reconocer cuáles nos funcionaron durante un tiempo y ahora es momento de soltar.

Vamos a jugar a la introspección ¡yaaaaay!

En la columna de la izquierda escribe algunas creencias con las que hayas crecido y en la columna de la derecha contrasta con lo que actualmente opinas sobre ese tema.

Y no, amistad, no nos referimos a que antes creías en el ratón de los dientes y ahora ya no, sino a tu forma de entender y habitar el mundo; cómo te defines y posicionas.

Por ejemplo: quizá creciste pensando que mostrarte vulnerable era una señal de debilidad, pero ahora reconoces la fortaleza que hay en mostrar tus emociones de manera transparente. O creciste creyendo que solo podrías ser feliz en una relación monógama, pero ahora exploras otras formas de construir acuerdos sexoafectivos.

No hay prisa. Esta lista puedes irla construyendo con el tiempo, cuando identifiques que tu forma de ver cierto tema se transformó.

Lo que creía antes

Enojarme está mal o es de mala educación.

_____

_____

_____

_____

_____

_____

_____

_____

_____

_____

_____

Lo que creo hoy

Enojarme es una forma de expresar mis emociones.

Al identificar mi enojo, reconozco y marco mis límites.

_____

_____

_____

_____

_____

_____

_____

_____

_____

Preguntas para profundizar

1 ¿Qué o quién me enseñó a creer de esta forma?

2 ¿Qué sucesos fueron determinantes para cambiar mi perspectiva?

3 ¿Qué herramientas me ayudaron a ver las cosas desde un nuevo enfoque?

4 ¿Qué parte de mí confronté y cuál liberé al cambiar mi creencia?

Como te darás cuenta, desmenuzar tu identidad no es tarea sencilla y tampoco un proceso sin errores. Por eso Siobhan explica que **es muuuuy importante tomar en cuenta que la vida no va de la confusión al entendimiento, sino que siempre es posible volver a perdernos en las expectativas y palabras de los demás.** Por ejemplo, piensa en un juego de mesa en el que avanzas dos casillas y de pronto retrocedes una. Y esa es una joya de sabiduría, porque, ¿qué crees? Perderte es parte de reconocerte. Ahí está la salsita de la vida.

Esos momentos en los que «no te sientes tú» también son parte de ti.

Y no solo eso, sino que suelen ser etapas de transformación en las que surgen grandes aprendizajes.

El mundo según las normas sociales

Uno de los factores por los que en ocasiones decidimos mimetizarnos y ocultar nuestra verdadera esencia suele ser el temor al rechazo. Como seres sociales, lógicamente queremos pertenecer, saber que somos parte de algo más grande, pero ¿hasta qué punto? O sea, ¿qué tanto es tantito?

Crecemos en una sociedad que todo el tiempo quiere meternos en cajitas fáciles de clasificar, por lo que salir de la norma puede resultar aterrador.

Desde la escuela nos uniforman y nos enseñan con la misma metodología. A las mujeres se les dice que deben ser femeninas, cuidadoras, cariñosas y bien portadas. Mientras que a los hombres se les exige ser masculinos, proveedores y agresivos.

Como explica la escritora Soraya Chemaly en su libro *Rabia somos todas:* «Las categorías de hombre y mujer que se nos asignan al nacer sientan de inmediato las bases sobre las cuales asignamos roles, atributos, responsabilidades y estatus dentro de la familia».

«Determinan también, en una inmensa medida, la forma en la que experimentamos nuestros sentimientos, así como el modo en el que otros los perciben y reaccionan frente a ellos».

De las personas no binarias ni se habla, porque a mucha gente pareciera no caberle en la cabeza que existan otras formas de ser. Y aquí es cuando todxs decimos al unísono: «Chaaaaaaaaaaale».

La sociedad ha establecido reglas —escritas y no escritas— sobre cómo deberíamos ser, pero, *spoiler alert*: **todos esos mandatos del deber ser que creemos inamovibles ni siquiera se sostienen en el tiempo o en todas las culturas.**

Hay comportamientos y reglas sociales que antes eran la norma y ahora se consideran inaceptables. Desde la segregación racial hasta que las mujeres no tuvieran derecho al voto... o USAR PANTALONES (parece irreal, pero todo eso pasó... y no hace mucho).

Con las narrativas que nos contamos sobre nosotrxs mismxs pasa algo similar. A veces crecemos con una idea muy definida de quiénes somos y parece que no hubiera espacio para otras versiones, incluso cuando en tu interior se enciende un deseo por preguntarte «¿qué pasaría si...?».

Por ejemplo, siempre te dijeron que lo tuyo era seguir el negocio familiar, pero ¿qué pasaría si quieres dedicarte al arte? Siempre creíste que tenías que ser mamá, pero ¿qué pasaría si decides que no quieres tener hijxs?

Para quienes tienen el valor suficiente de plantearse esas preguntas pueden llegar momentos hermosos/dolorosos de quiebre que permitan ver otros caminos para andar.

Por eso es taaan, pero TAN importante tener la capacidad de reflexionar y adaptarse a los cambios. Abrirnos a nuevas perspectivas nos recuerda que vivimos en un mundo que no es estático y también nos permite ser más libres.

Si consideras que este libro se está poniendo denso y necesitas salir a tocar pasto, tómate un momento, bebé.

Por si las dudas, aquí te dejamos un jardín ilustrado, para que lo uses siempre que lo necesites...

¿Lo quiero porque lo quiero o porque me dijeron que lo quiero?

Si ya sabemos que nuestra identidad no está conformada solo por lo que decidamos ser o hacer, sino también por las narrativas ajenas, ¿cómo puedo identificar cuando quiero algo genuinamente y no porque me condicionaron a quererlo? ¿Cómo hacerle frente a las condiciones de vida o imposiciones que están fuera de mi control?

¡AIURAAAAAA!

Que no cunda el pánico, porque en la historia de la humanidad muchas personas se han cuestionado esto. Y, no solo eso, sino que a través de sus reflexiones abrieron espacios para nuevos paradigmas. #benditxsdiosxs

Una de ellas es la escritora Esther Pineda,* quien tiene muchísima experiencia desmenuzando cómo las imposiciones y los mandatos sociales impactan nuestra forma de existir y entender el mundo. Porque sí, está muy chulo que cada quien quiera definirse, pero ¿y si la sociedad constantemente te pone a prueba?

Esther nos recuerda que al hablar de identidad no podemos negar las desigualdades y formas de opresión que existen. Es decir, que tu contexto y los privilegios que tengas —o no— también influyen en quién eres, en las oportunidades a las que tienes acceso y en las decisiones que tomas.

---

*Esther Pineda es doctora en Ciencias Sociales y autora de libros como *Bellas para morir: Estereotipos y violencia estética contra la mujer* y *Morir por ser mujer: Femicidio y feminicidio en América Latina*.

Checa tu privilegio

Tal vez has escuchado que cada vez más personas hablan sobre la importancia de cuestionar los privilegios, pero ¿sabes a qué se refieren o por qué es importante reflexionar al respecto?

Los privilegios pueden definirse como las ventajas que un grupo de personas tiene sobre otro debido a su nivel socioeconómico, color de piel, género, orientación sexual, estatus académico, etcétera.

La regla general es que mientras más te acerques a lo hegemónico (o sea, el sistema de dominación en turno) más privilegios tienes.

En nuestro contexto social y cultural existen múltiples ejemplos de lo que se considera hegemónico:

* Se privilegia ser heterosexual sobre ser homosexual.
* Ser cisgénero sobre ser transgénero.
* Ser rico sobre ser pobre.
* Ser de tez blanca sobre tez negra o morena.
* Tener un cuerpo delgado sobre tener un cuerpo gordo.
* Tener un título universitario sobre conocimiento empírico.

Y así hasta el infinito...

Y el problema no es que exista una cosa u otra, sino que hay un sistema que les hace la vida más complicada e injusta a quienes se salen de este «estándar», incluso cuando son aspectos imposibles de decidir y controlar.

Una metáfora para entenderlo con mayor facilidad es pensar en un pastel. Imagina que en la gran fiesta de la vida cada persona recibe porciones diferentes. Algunas tendrán el pastel completo y otras apenas una rebanada.

¡Traz! Ya entendí qué son los privilegios, ¿esto para qué me sirve?

Pues para muchísimas cosas, amistad. De entrada, para entender que no todo se logra con fuerza de voluntad o *echaleganismo*. Hay factores externos que a veces dificultan que podamos cumplir lo que nos proponemos tal y como lo imaginamos.

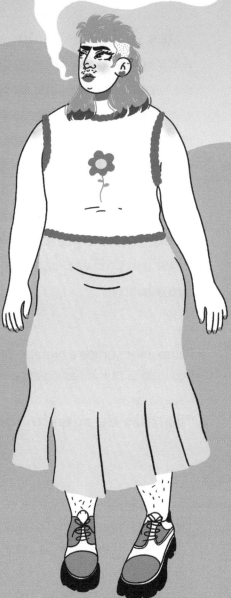

Como explica Esther, por mucha empatía que sientas, hay situaciones que no puedes ver igual que aquella persona que las atraviesa. Por ejemplo, ser una persona racializada, provenir de un entorno precarizado, ser migrante, tener algún tipo de discapacidad, etcétera.

Estas vivencias moldean tu percepción del mundo y la forma cómo las demás personas te tratan. Esther lo explica clarito: «Hay quienes intentan construir su identidad y resistir individualmente ante dichas circunstancias y, por el otro lado, quienes deciden ir más allá, colectivizar la experiencia, hacer comunidad con quienes comparten algunos elementos identitarios para incentivar cambios sociales al respecto».

Pausa. Nos vamos a hidratar tantito, porque este tema nos hizo sentir varias cosas a la vez.

Sorbito de agua imaginario

Una vez que entendemos cómo nos afecta esto, podemos desarrollar una forma más amable de mirarnos y tratarnos, además de comenzar a exigir cambios que derriben esas barreras.

¡Pare de sufrir!

Hasta este punto del libro ya tuvimos tres colapsos emocionales; hicimos harta reflexión ontológica y descubrimos que hay un millón de cosas que no dependen de nosotrxs.

Pero ¡buena noticia! Todas las personas tenemos un superpoder para transitar esta cosa fascinante llamada vida en nuestros propios términos: CUESTIONARLO TODO.

Cuestionar el «deber ser» es el primer paso para entender hasta dónde la vida que llevamos corresponde con lo que queremos y dónde marcamos límites. En qué momentos decimos «hasta aquí, mi ciela» y empezamos a tomar las decisiones que realmente queremos y nos hacen felices.

La búsqueda de lo que quieres

Seguramente en algún momento de tu vida has sentido que algo no estaba bien. Tu cuerpo y tus emociones te alertaron sobre una situación incómoda o fuera de lugar.

Por ejemplo, en una cena escuchaste a alguien cercano a ti usar una frase superclasista y te preguntaste: «¿Es neta?».

O cuando en la reunión familiar tu tío Juanito te preguntó por millonésima vez que «pa' cuándo el novio» y tú casi te derrites del coraje.

Estos son un par de ejemplos entre miles. Lo importante es que cuando reconocemos esa inquietud es como si encendiéramos el cerillo de la intuición para echar luz sobre lo que nos está pasando y por qué nos está confrontando.

Como explica Esther, ese momento es el banderazo de salida para empezar a buscar información que nos permita entender de dónde viene ese sentimiento de incomodidad y por qué estás sintiendo ese «arrrrrghhhhh» en tu interior.

«*Cuando comenzamos a poner atención, a involucrarnos y comentarlo en los espacios en los que hacemos vida, empezamos a entender por qué nos pasan ciertas cosas o nos sentimos de un modo en particular. Dejamos de sentirnos tan solas pese a que sea una vivencia personal*».

Esther Pineda,
doctora en Ciencias Sociales

Aquí es donde entra un concepto que quizá habrás escuchado antes: **la deconstrucción.** Esa criatura salvaje que crece y evoluciona eternamente dentro de nosotrxs una vez que la descubrimos.

Disculpe las molestias, pero ya no me alcanza esta realidad.

Deconstruir significa separar las piezas del rompecabezas; cuestionar las ideas preestablecidas que tenemos sobre algo y, principalmente, ser capaces de aceptar —y empatizar— con perspectivas distintas a la nuestra. Entender que la forma en la que aprendimos a ver y existir el mundo no es la única que hay.

Es como cuando en la infancia te preguntabas todo el tiempo: ¿por qué?

¿Por qué el cielo es azul?
¿Por qué tengo que hacer la tarea?
¿Por qué las vacaciones no duran para siempre?

Esa curiosidad es la que puede acompañarnos para no perder el rumbo de lo que en verdad tiene sentido para nosotrxs. Nada más que ahora en vez de preguntar por qué el cielo es azul, los cuestionamientos se transforman en cosas como: ¿por qué se asume que todas las mujeres quieren ser mamás? ¿Por qué hemos normalizado las actitudes machistas? ¿Por qué es tan difícil sentirme cómodx en mi propio cuerpo? ¡AHHHHHHHH!

Y nadie mejor para explicar la importancia de cuestionarnos que la legendaria Betty Reid Soskin,* activista estadounidense por la igualdad racial y los derechos civiles, quien a sus 101 años declaró esta belleza de frase en una entrevista con PBS News Hour:

«¿Qué es más importante en la vida? Las preguntas son las cosas importantes. Cada vez que se hacen hay un significado diferente, porque unx ha crecido mucho desde la última vez que las hizo. Las respuestas son solo temporales».

Betty Reid Soskin,
activista estadounidense

---

*Te recomendamos investigar más sobre la fascinante vida de Betty, conocida por ser la guardaparques más longeva del Servicio de Parques Nacionales de Estados Unidos.

Entonces sí, hacernos preguntas todo el tiempo es CLAVE para identificar nuestros sesgos, pero también lo que resuena con nosotrxs. Cuestionar es un diálogo entre todas nuestras versiones.

Teóricamente todo esto suena muy bonito: cuestionamos lo que nos incomoda, nos liberamos de las ataduras y ¡traz! Por arte de magia nos transformamos en aves fénix, guerrerxs, diosxs galácticas, empoderadxs, domadorxs de mil fieras. Ajá. Pero la realidad es que el camino de la deconstrucción es laaaaaargo, cansado y MUY incómodo.

«Salir de la norma y romper con el deber ser da miedo porque siempre tiene consecuencias, al igual que costos emocionales y sociales. Por ejemplo, cambiar los hábitos e imaginarios que tuvimos arraigados durante gran parte de nuestra vida puede producir ansiedad, nostalgia, miedo; y socialmente también tiene costos porque quienes rompen con los mandatos son vistas como rebeldes, desafiantes, impertinentes, conflictivas», explica Esther.

De modo que sí, empezar a tomar las decisiones que queremos probablemente implique dejar atrás viejos moldes, amistades y espacios.

En nuestra sociedad, quien decide romper con lo establecido —o, como le gusta decir a tu primo, «salirse del huacal»— será señaladx como rebelde. Y, ¿sabes qué? Qué sabroso. Porque en la rebeldía hay autonomía. De no ser por personas que deciden confrontar al *statu quo*, probablemente muchas de las libertades que hoy damos por sentado no existirían.

Lecciones fabulosas de Taquitojocoque para una vida fabulosa

Si hablamos de personas que nos inspiran a conectar con nuestra esencia tenemos que ponerle una estrellita en la frente a la única e inigualable Taquitojocoque (Roxana Ramos), artista originaria de Nuevo Laredo, Tamaulipas, que por medio de sus dibujos registra iconos de la cultura pop y momentos coyunturales.

Ver a Taquito es estar frente a un espectáculo de autenticidad, alguien que pareciera no tener miedo al qué dirán. Lo mismo sale a la calle vestida como huevito estrellado que disfrazada de Kitty Chela (delicia culinaria que consta de una cerveza vertida en un termo de Hello Kitty decorado con chilitos). Y su arte también se destaca por ser sumamente honesto y divertido.

Como nos encanta el chismecito, nos dimos a la tarea de preguntarle algunos consejos para gozar tanto la vida.

Taquito nos cuenta que para ella es muy importante preguntarse de forma permanente:

«Si me muero mañana, ¿estoy contenta? ¿Realmente reconocí lo que a mí me importaba, lo que a mí me gustaba?». Muchas veces podemos pasarnos la vida entera haciendo cosas que no queremos, solo porque es lo que todo el mundo está haciendo.

Y aunque es probable que haya gente que no te entienda o incluso se burle de lo que decidas hacer con tu vida, lo que debe guiarte es la tranquilidad y coherencia que tú sientas con tus decisiones.

Es difícil ir en contra de la gente que más quieres.

Cuando yo me quería tatuar, mis papás lo odiaban.

Si me quería pintar el pelo, mis papás lo odiaban.

Si no me importaba el peso, mis papás lo odiaban.

Me convertí en todo lo que mis papás no querían, y por supuesto que es difícil crecer con eso.

Durante años, al visitarlos, en vez de que la pasáramos bien, todo era «esos tatuajes», «ese pelo», «por qué haces esto, por qué haces lo otro».

Hasta que se cansaron.

No es que quiera ser rebelde o que mi familia la pase mal, pero tengo que ser fiel conmigo misma.

— Taquitojocoque

¡Pare de sufrir! ✳ **63**

Escribe tu biografía

Algo que puede ayudarnos en el proceso de entender mejor quiénes somos es convertirnos en escritorxs de nuestra propia biografía. ¿Recuerdas el clásico «Querido diario» de tu pubertad? Incluso si tú no tenías la costumbre de escribir, tal vez conocías a alguien que sí.

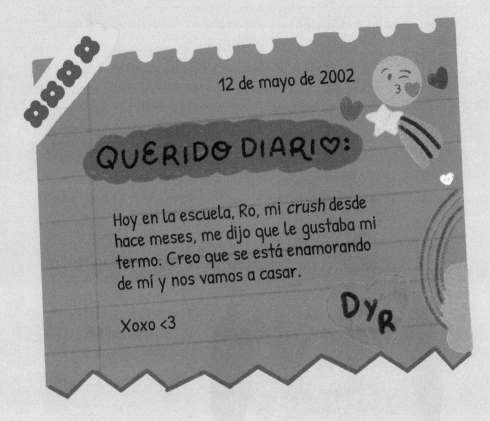

12 de mayo de 2002

QUERIDO DIARIO♡:

Hoy en la escuela, Ro, mi *crush* desde hace meses, me dijo que le gustaba mi termo. Creo que se está enamorando de mí y nos vamos a casar.

Xoxo <3

DYR

13 de mayo de 2002

QUERIDO DIARIO:

Tengo el corazón destrozado. Ro me dijo que le gusta mi mejor amiga. Todo fue una mentira. No vuelvo a creer en el amor. Me duele el mundo.

Bye </3

¡Ah, el drama! Todxs pasamos por ahí.

Pero, ya en serio, llevar un registro de tus vivencias es una poderosa herramienta de autoconocimiento.

Autoras como, Annie Ernaux, Dahlia De La Cerda, Camila Sosa o bell hooks, entre muchas otras, han dejado testimonio de que cuando escribimos sobre nosotrxs, al mismo tiempo escribimos sobre el mundo que nos rodea. Dejamos evidencia de las múltiples versiones que hemos sido, lo cual, en sí, es un proceso terapéutico y sanador.

Chismeando contigo mismx

Un diario o bitácora nos permite adentrarnos en la parte más profunda de nuestro ser: sentimientos, experiencias, preocupaciones, debrayes existenciales, etc. Es un espacio seguro en el que podemos ser vulnerables. Así que cuando te sientas perdidx corre a una página en blanco y cuéntale el chismecito de tu vida con detalles.

Algunos consejos para empezar tu propio diario:

1. Encuentra un formato que te guste

Un diario es un objeto sumamente personal y es natural que refleje tu esencia. Quizá eras lx niñx de los plumones en la primaria y te gustaba escribir a mano con plumas de gel. O, por el contrario, lo tuyo es la practicidad y hoy prefieres hacerlo en el bloc de notas de tu celular.

Es más, chance y lo tuyo ni siquiera es escribir, sino hacer *collage* o dibujar tus emociones. Y eso también está perfecto. El formato que elijas es válido, lo importante es que sientas que puedes expresarte de forma honesta y creativa.

2. Conviértelo en un ejercicio habitual

¿Cuándo debes escribir en tu diario? Amistad, esa respuesta solo la tienes tú. Hay quien escribe a diario o quienes lo hacen según el calendario lunar. Cada cual tiene sus procesos y tiempos, pero sí es recomendable que sea de forma regular para que puedas notar la evolución de ti mismx.

Toca base con tu diario cada ciertos días, semanas o meses, dependiendo de cómo te sientas.

3. No lo pienses demasiado

Abajo las expectativas, hermanx, que aquí no venimos a apantallar, sino a ventilar.

Tu escritura no tiene que ser coherente ni tu ortografía perfecta. Tampoco tienes que contar cosas sorprendentes. Esta es una conversación contigo, no una novela de Virginia Woolf (aunque podría serlo algún día si tú quieres), pero en principio piensa que es solo para ti, un testimonio para que todas tus versiones del futuro lo lean y puedan conectar con la persona que eres ahora mismo.

Una radiografía de ti mismx

Si no tienes idea de por dónde empezar un diario puedes probar con una radiografía de dónde estás A-H-O-R-A. Qué es lo que sientes y qué está pasando en tu vida en este momento. Te sorprenderá el efecto bonito que causa detenerte un momento para narrarte.

* **Anota la fecha.**

* **Cierra los ojos, respira profundo y escribe lo que estás sintiendo.**
  ¿Quizá es hambre? ¿El corazón lleno de agradecimiento? ¿Enojo? ¿Amor? ¿Felicidad? ¿Emoción por una buena noticia que acabas de recibir? Reconocer y nombrar lo que sentimos es superpoderoso para el autoconocimiento.

* **Describe el lugar en el que te encuentras en este momento.**
  ¿Cómo es el espacio? ¿En qué ciudad o pueblo? ¿De qué color son las paredes? ¿Cuál es tu objeto favorito dentro de ese sitio? ¿Cómo te hace sentir ese lugar?

* **Menciona algo significativo que está pasando en tu vida.**
  Tal vez estás trabajando en un proyecto importante, conociste a alguien increíble o descubriste algo nuevo sobre ti mismx. ¿Por qué es relevante esto para ti? ¿Qué quieres recordar de este momento? ¿Cómo te imaginas que evolucionará?

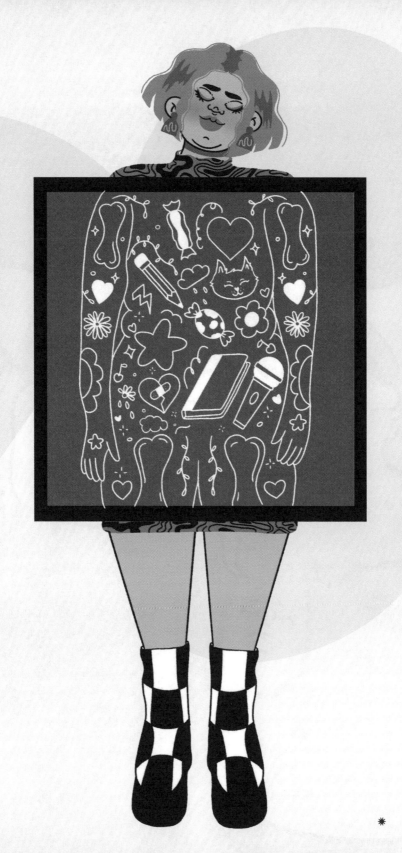

Puedes repetir este ejercicio cada determinado tiempo e ir agregando preguntas que te permitan hacer una descripción de aspectos concretos de tu vida. Asimismo, es posible tener varios diarios a la vez con diferentes temáticas.

Otras ideas para documentar tu vida:

✳ DIARIO DE LLANTOS Y BERRINCHES

Cada vez que te inunden las emociones y tengas ganas de llorar, ya sea por algo lindo o por tristeza, anótalo en una libretita. Si te gusta el melodrama, incluso puedes clasificar tus llantos del 1 al 5. Siendo 1 tener los ojitos aguados y 5 un *ugly crying* monumental con el rímel corrido y moco chorreado.

✳ DIARIO DE AGRADECIMIENTOS

Muchas personas hacen este ejercicio para llevar un registro de las cosas por las que están agradecidas sin importar lo pequeñas que sean. Quizá fue haberte dado tiempo para ejercitarte en la mañana o que viste brotar una plantita nueva en el jardín.

✳ DIARIO DE CANCIONES QUE NO PUEDES DEJAR DE ESCUCHAR

Este diario puede ser en retrospectiva. Empieza por anotar las primeras canciones que te marcaron en la infancia y advierte la evolución hasta lo que escuchas en la actualidad. Además de tomar nota puedes armar una *playlist* con la música de tu vida: desde el *Baile del sapito* de Belinda a perrear hasta abajo con una de Tokischa.

✳ DIARIO DE COSAS DELICIOSAS QUE HAS COMIDO

Hay momentos en la vida donde nuestras papilas gustativas reciben una fiesta de sabores y eso también es digno de conmemorarse. Empieza un diario para registrar las cosas deliciosas que pruebas. En una de esas hasta puedes buscar la receta para después preparar el platillo en tu cocina.

❋ DIARIO DE CARTITAS DE AMOR PARA TI MISMX

Si le escribimos cartas lindas a nuestra pareja y a nuestras amistades, ¿por qué no nos escribirnos a nosotrxs?
Podría ser una nueva costumbre en la que cada cumpleaños te escribas una carta para felicitarte y contarte cómo va la vida.

El ejercicio de escribir sobre ti es una VIAJE en el tiempo, literalmente. Nada más imagina a tu «yo» de 50 años leyendo lo que escribió tu versión de 20.

Vernos en perspectiva nos permite entender nuestra historia. Sobre todo, nos ayuda a mirar con empatía de dónde venimos y hacia dónde queremos trazar el camino.

ESTABA BIEN PERDIDA.

DIARIO 2001

Tu proceso y a tu ritmo

No existe un solo camino, sino múltiples avenidas para cuestionarnos y construir la vida que queremos.

Exigir que todas las personas transiten sus decisiones de vida de la misma forma que tú lo harías no solo es irresponsable, sino injusto.

Y esto es bien bieeeeen importante y prácticamente deberíamos tatuárnoslo en la frente.

Para algunas personas es muy fácil decir: «Ay, pues si tu familia no te acepta como eres entonces déjala y ya» sin considerar que muchas veces ese es el único núcleo de contención que una persona tiene.

O qué tal cuando alguien dice: «¿Si la acosaron sexualmente por qué no habló antes o puso una denuncia?». Sin estar consciente sobre el costo emocional, la burocracia de un proceso de denuncia y la revictimización, que significa obligar a una persona a revivir una situación traumática.

La historia nos ha enseñado que la experiencia individual no define la colectiva, y si bien la búsqueda siempre será vivir de la forma más auténtica y libre posible, las personas tenemos distintas herramientas —emocionales, mentales, económicas, etc.— para atravesar las situaciones difíciles.

Es como cuando tu mejor amix anda TURBOENCULADA con una persona tóxica. Para ti que lo ves desde afuera te queda muy claro que lo mejor es terminar esa relación YA, pero por más que le digas que se aleje no hay poder humano que logre un «amigx, date cuenta», sino hasta que ella decida que está lista para salir de ahí... y será cuando tenga que ser. Así nos pasa con nuestros procesos y búsquedas, son sumamente personales.

¿Recuerdas esa frase de «nadie experimenta en cabeza ajena»? Ajá, eso es clave, porque a veces estamos condicionadxs a pensar que los procesos tienen que ser de cierta forma o que perdemos el tiempo cuando no actuamos rápido. Sin embargo, realmente nadie, más que la persona que está viviendo una situación, la entiende a profundidad.

SANAR ES UN VIAJE DE MUCHOS DESTINOS

Y aunque no tengo idea de adónde me lleve este viaje, lo que sé es que está bien ir a mi ritmo.

A veces tropezaré, pero contemplaré todos los paisajes ante mí.

Y, ojo, tampoco existe un estándar de tiempo determinado para sanar. ¿Sería hermoso poder ahorrarnos sufrimiento al mirar todo desde una perspectiva crítica y objetiva? Ciertamente, pero la realidad es que los seres humanos tenemos múltiples capas que nos envuelven; heridas emocionales y patrones de comportamiento que aprendimos desde la infancia —a veces como mecanismo de defensa, y en ocasiones como reflejo de lo que vimos en casa— y nos puede tomar toda una vida entender por qué reaccionamos como lo hacemos y cambiar lo que no nos gusta.

Y de aquí, ¿pa' dónde?

Algo que puede ayudarnos cuando estemos frente a una situación en donde no nos sintamos tan segurxs de cómo avanzar, es llevar a cabo un ejercicio de reflexión y preguntarnos lo siguiente:

¿Este deseo es algo que realmente quiero para mí?	¿Este objetivo se alinea con mis valores personales?	¿Me sentiría decepcionadx si no tomara esta decisión?
Sí / No	Sí / No	Sí / No

Si obtuviste puros «sí» en el cuestionario, amistad, ya tienes tu respuesta.

Eso no significa que atravesarlo sea fácil. Cada elección que hacemos moldea nuestra vida y nos lleva por caminos desconocidos en donde toca reinventarnos, a veces desde el dolor, en otras ocasiones desde el miedo, pero con la convicción de que estamos avanzando en la dirección correcta. Eso es a lo que se le llama confiar en el proceso. O como lo conocen tus amix *new age* de avanzada: «fluiiiiiiiiiiir».

No hay una versión final de nosotrxs mismxs, sino que estamos en constante redefinición. Por eso nuestro consejo es que te lo tomes con calma, con mente abierta y, sobre todo, con mucha paciencia.

Puedes ir y venir las veces que sean necesarias. Puedes decidir algo y luego cambiar de opinión. Al final, tú eres la persona con la que, sí o sí, vas a vivir toda la vida y tienes derecho a hacerlo bajo tus propios términos.

Mereces honrar tu rebeldía.

Te presentamos la bolsita de los piensos

Al final de cada capítulo encontrarás este espacio para anotar aquello que quieres llevar contigo de lo que leíste. ¿Qué idea se te quedó grabada? ¿Qué frase o concepto te llegó al corazoncito?

Ahora que ya tienes nuevas herramientas para conocerte y tomar decisiones que resuenen más contigo, ¡agárrate! Porque esto apenas empieza.

Reflexiona acerca de todas las versiones que has sido hasta este momento, ¡y ahora imagina todas las vidas que te faltan por vivir!

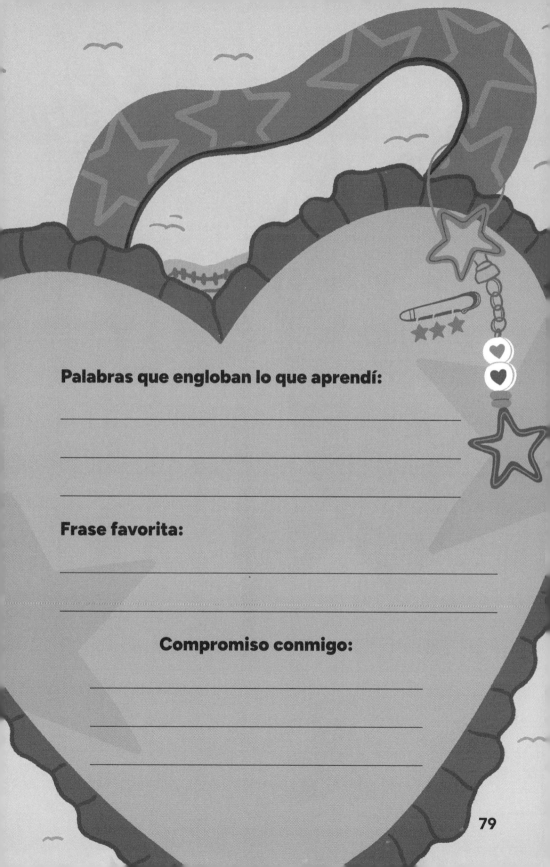

Palabras que engloban lo que aprendí:

_____

_____

_____

Frase favorita:

_____

_____

Compromiso conmigo:

_____

_____

_____

Capítulo 2

No todo lo que brilla es oro

Ahora que sabemos que definir quiénes somos es un camino que nos puede tomar toda la vida,

llegó el momento de hablar del éxito y de la autorrealización, esas dos palabritas de plastilina que pueden moldearse dependiendo de quién las diga y que, a más de unx, nos ha causado frustración y angustia.

Si bien el éxito puede verse de diversas formas, en el panorama social y cultural en el que vivimos (coff, coff, capitalismo) generalmente se relaciona con poder, fama, talento, belleza y dinero. O sea, tu tía Beyoncé.

Lo que no nos dicen es que el camino para llegar a todas esas cosas está repleto de cláusulas que van a absorber tu tiempo y energía cual villana de Disney MUAJAJAJAJÁ.

No, pero ya en serio, qué estrés dan los estándares de éxito en los que vivimos en la actualidad, ¿no? Pareciera que nunca somos suficiente y que cuando conquistamos una meta todavía faltan mil ocho mil más para poder ser «alguien». Siempre llegando tarde, siempre llegando a medias.

TODAVÍA TE FALTA, MI CIELA.

META

Definir quiénes somos nos puede tomar toda la vida ✳

Por si fuera poco, las redes sociales nos muestran vidas en apariencia perfectas que constantemente nos hacen sentir como si nos estuviéramos perdiendo de algo importante. Nos empieza a dar el famoso FOMO (Fear Of Missing Out, que se traduce como miedo a quedar fuera o perderse de algo) y sentimos que los días pasan y no estamos haciendo nada trascendental. Que mientras hay gente salvando focas bebés en la Antártida nosotrxs estamos viendo *Betty la fea* por novena vez.

Pero, a ver, inhala y exhala. No dejes que esos pensamientos se apoderen de ti.

¡Aquí te va un balde de agua fría!

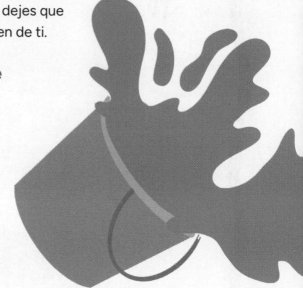

¡NO EXISTE UNA SOLA DEFINICIÓN DE ÉXITO

¿Te sientes mejor? OK.   **Entonces, sigamos...**

Definir quiénes somos nos puede tomar toda la vida ✳ **85**

Pa' empezar: ¿qué es el éxito?

Aunque es variable de acuerdo con los contextos sociales y culturales, el éxito predominantemente se mide con base en dos grandes esferas, la vida profesional y la personal. A veces te va bien en una, a veces en otra. Ya sabes, el viejo cliché de película de Hollywood en donde una persona sacrifica todo por su carrera y termina sin pareja, sin amistades, sin *hobbies*... (sí, te estamos hablando a ti, Andy Sachs).*

Pero ¿realmente tiene que ser así? ¿Se puede configurar una nueva versión del éxito en donde no sintamos tanta presión todo el tiempo? ¿Cómo lograr el balance en un mundo que nos exige hiperproductividad?

Habría que empezar por reflexionar acerca de lo que entendemos por éxito y la razón por la cual, más que motivarnos, suele convertirse en una pesada carga aspiracional. Porque si tantas personas estamos sintiendo lo mismo, ¿tal vez lo que realmente está mal es el sistema y no nosotrxs?

Respuesta corta: Obviamentaaaaaaaaa

*Aclaración para personas no *millennials*: Andy Sachs es el personaje principal en la película de CULTO conocida como *El diablo viste a la moda*.

¿Qué quieres ser cuando seas grande?

(no importa a qué edad leas esto)

Quizá los primeros sueños que comenzaron a formar nuestra idea de una vida exitosa los vivimos en la infancia cuando nos hicieron la típica pregunta: «¿y qué quieres ser cuando seas grande?».

En la respuesta se nos coló la idea de ser astronautas, espías o trabajar en un supermercado (qué fantasía usar un escáner de códigos y caja registradora, ¿no?).

Luego crecimos y descubrimos que responder a esa pregunta era sumamente complicado. Y que, por ahí de los 17 años, ¡A LOS 17!, ya teníamos que escoger la profesión a la que nos íbamos a dedicar por el resto de nuestras vidas. O de plano ponernos a trabajar al no existir posibilidades de seguir estudiando, aunque no nos sintiéramos listxs.

A partir de ese momento es como si nos subiéramos a una rueda de hámster que no para y en donde no solo competimos contra nuestras expectativas, sino también contra las del mundo. Vemos cómo los días transcurren frente a nuestros ojos en una rutina infinita y solo podemos pensar, ¿en serio de esto se trata la vida?

FER, 6 AÑOS

FER, 17 AÑOS

El cansancio y la frustración que sientes no son solo tuyxs, bb. Es estructural. La psicóloga Maynné Cortés, que es la creadora de un hermoso proyecto de salud mental llamado Laboratorio Afectivo, nos explicó que vivimos en sistemas sociales, políticos y económicos que están OB-SE-SIO-NA-DOS con la hiperproductividad. Además, nos imponen una visión de éxito que es completamente irreal porque nos empuja a producir sin descanso, y esto nos hace sentir como si estuviéramos fallando siempre.

Pero ¿sabes qué? Nuestros cerebros no están hechos para funcionar así. En realidad, el descanso, el ocio y la recreación son muy importantes para nuestro bienestar (te prometemos ahondar en esto más adelante), aunque el sistema en el que vivimos busque hacernos sentir culpables hasta por disfrutar de esos momentos de pausa.

Y agárrate que aquí viene lo peor: nos repiten hasta el cansancio que el éxito depende únicamente de nuestra voluntad y de trabajar cada vez más; de tener más dinero, de levantarnos más temprano, de esforzarnos sin límites. Pero, siendo sinceros, no todo se trata de voluntad.

Como explica Maynné, cada cosa que hacemos requiere recursos cognitivos, emocionales y de tiempo, y a veces simplemente no los tenemos. Así que no podemos esperar que nuestro rendimiento sea perfecto todo el tiempo, ¡ni que fuéramos máquinas! Es más, hasta una computadora necesita que la apaguen de vez en cuando.

Seguro has vivido esos días en los que de plano no puedes concentrarte en el trabajo, ya sea porque estás atravesando un problema personal o tuviste cólicos que no te permitieron dormir bien. Lo lógico y sensato sería que pudieras tomarte un tiempo para reponerte y después seguir adelante. Pero nooooooo, señor, no señoraaaaa, el esquema de trabajo en el que vivimos nos dice que eso no es posible, porque no hay nada más importante que producir, siempre más fuerte, siempre más arribaaaaaaaaaaa. Así que ahí vas arrastrando tu alma, tu cansancio o tu útero sin poder parar, sin poder decir «me voy a dar este día».

A quien sea que nos vendió la idea de que eso es normal queremos decirle una cosa: **no autorizamos.**

Bb, no estás fracasando si no haces «nada».

Algo supervalioso que Maynné menciona es que el éxito no es alcanzar un montón de metas prefabricadas respecto a cómo debería ser la vida, sino entender cuáles son tus necesidades y posibilidades, y de qué manera logras llegar a un equilibrio entre ambas. Es decir, cada logro se ve distinto para cada quien.

«Mientras no replanteemos nuestra relación entera con el éxito no vamos a poder salir de ese lugar de insatisfacción, porque las cosas que nos dicen que son referentes de éxito fueron construidas para que muy pocas personas puedan alcanzarlas».

Maynné Cortés,
psicóloga y creadora de Laboratorio Afectivo

¡LOGRARÉ GRADUARME AL FIN!

El éxito para alguna persona puede ser entrar a una maestría y para otra levantarse de la cama y bañarse, porque está en un episodio depresivo y eso es muy difícil. No vale más la persona que entró a la maestría que la que logró bañarse, porque cada una tuvo un logro de acuerdo con sus posibilidades y, debido a que el éxito en su contexto se ve distinto, está bien.

Aunque estoy triste, hoy logré levantarme de la cama.

Sí, amistad, también estamos chillando, porque bajo ese entendimiento queda muy claro que comparar nuestro proceso de vida con el de alguien más no tiene sentido, porque ninguna historia de vida es exactamente igual a otra. Podrá haber similitudes, por supuesto, pero cada una tiene particularidades que pueden provocar resultados diametralmente opuestos.

De renegadas a supermujeres

Durante una buena parte de la historia —y aún hoy en algunos contextos— el éxito al que las mujeres podían aspirar en una sociedad patriarcal era casarse con un «buen muchacho», formar una familia y que a los 50 años les siguiera quedando su vestido de boda de cuando tenían 20.

Por fortuna, hubo mujeres aguerridas que dijeron NEL y decidieron que, si bien ese podía ser un camino para algunas, no lo era para todas. Y entonces empezaron a tomar las calles, los deportes, los centros de trabajo... ¡Y todo en apariencia maravilloso! Qué dicha poder realizarse más allá de las paredes de tu hogar si eso es lo que quieres.

La trampa es que el sistema patriarcal les dijo: «Okey, te damos chance de que hagas todo lo que hacemos nosotros los onvres, peeeeeeeeeero, al mismo tiempo tienes que seguir cumpliendo con tu rol "tradicional" de buena mujerttttsssssss».

De este modo, no solo había que hacerse cargo de la casa, lxs hijxs y los frijoles (por cierto, qué miedo usar una olla exprés), sino también triunfar en un entorno laboral diseñado por y para los hombres. ¡Así qué chiste!

Más de una, en el afán de demostrar que si esas eran las condiciones del juego estaban dispuestas a entrarle, lo lograron. De ahí surge el mito de la supermujer, aquella que puede con todo y no se quiebra. Se levanta muy temprano y hace ejercicio todas las mañanas (#cardio); come saludable (#jugodetox), lleva a sus hijxs a la escuela y luego se va al trabajo (donde por supuesto es una máxima diosa de la productividad #jefaza). Por la tarde, regresa a casa y convive con su familia en santa paz, para después irse a tomar un vinito con las amigas (#bff). Todo en las mismas 24 horas del día que tenemos.

Lo que no se muestra es que quienes logran esa vida «ideal» por lo regular ya traen en la maleta una buena dosis de privilegios (¿recuerdas que hablamos sobre esta palabrita en el capítulo anterior?) que les facilitaron el camino. Por otro lado, tampoco sabemos en realidad qué sacrificios implica llevar ese estilo de vida. ¡¿A qué costo?!

Con semejantes exigencias, no es de extrañar que tantas personas —en mayor medida las mujeres— atraviesen el llamado síndrome de la impostora, ese pensamiento que te hace dudar de ti y te chantajea emocionalmente diciendo «no eres suficiente», «ni le muevas», «no vale la pena intentarlo». Es una sensación que puede llevar a cualquiera a un lugar de insatisfacción constante.

Breve clase de historia antimpostorxs

Si no habías escuchado sobre el síndrome del impostor o la impostora, aquí te va el contexto. Resulta y acontece que en 1978 las psicólogas Pauline Clance y Suzanne Imes publicaron un estudio* en el cual explicaban que —tras haber trabajado con más de 150 mujeres exitosas— descubrieron que sin importar los títulos, diplomas, honores, estrellitas en la frente y hasta porras del gremio, muchas de ellas no experimentaban una sensación interna de éxito. Y no solo eso, sino que se consideraban a sí mismas impostoras, como si todos sus logros se debieran únicamente a un chispazo de suerte y no a su talento.

Es decir que esas mujeres SABÍAN cosas, tenían habilidades comprobables para cumplir con su trabajo y, aun así no se la creían. Por supuesto, no podemos culparlas. Era 1978 y todavía no nos aventaban hasta en la sopa y en playeras de moda rápida el concepto de #MujerEmpoderada que hoy vemos en todas partes.

Al respecto, nuestra psicóloga de cabecera, Maynné Cortés, explica que el síndrome del impostor suele darse en mucho mayor medida en mujeres que en hombres porque históricamente se

---

*«El fenómeno del impostor en mujeres con altos logros: dinámicas e intervención terapéutica».

les ha negado el acceso a espacios de educación, liderazgo, desarrollo o reconocimiento.

This is a man's world, cantaba James Brown. Y pues sí. Las mujeres han tenido que irse abriendo brecha donde no eran bienvenidas y conquistando cada uno de sus derechos. Muchas de ellas no solo atravesadas por la violencia de género, sino también por la extensa lista de «ismos» malditos como el racismo, el clasismo, el capacitismo, etcétera.

Corte informativo

Amix, ¿recuerdas que en el kit para la vida adulta te recomendamos tener a la mano antiácido estomacal? Pues empieza a tomártelo, porque esta lista de cosas que las mujeres han tenido prohibidas en distintas culturas y momentos de la historia te va a dar AGRURAS:

* Tener propiedades
* Decidir con quién casarse (o incluso si querían hacerlo)
* Divorciarse
* Votar
* Trabajar
* Decidir sobre su vida reproductiva
* Usar pantalones
* Competir en eventos deportivos
* Estudiar
* Viajar solas
* Manejar
* Heredar
* Mostrar su cuerpo

Entre muchas otras cosas.

Incluso dentro de las limitaciones a las que se han enfrentado las mujeres a lo largo de la historia existe una doble discriminación para aquellas que no están dentro del canon hegemónico. Es decir que, a las mujeres racializadas, empobrecidas, de la comunidad LGBTQ+, con alguna discapacidad, neurodivergentes, gordas o con VIH, se les ponen socialmente todavía más obstáculos para acceder a sus derechos y espacios libres de violencia.

Y el rezago de esa desigualdad sigue presente hoy en día.*

Tan fácil como pensar cuántas mujeres hay —y realmente qué tan diversas son— en puestos de liderazgo en las empresas, el Gobierno, los deportes, etc. E incluso cuando logran llegar a la cima son entornos que siguen siendo machistas y racistas donde el mensaje con frecuencia es «tú no perteneces a este lugar».

Además de hacerlas sentir fuera del «Club de Toby» (o sea, el club de los chicos), los estándares de perfección imposibles con los que se mide a las mujeres en cada ámbito de su vida también pueden generar mucha frustración y ese sentimiento de no ser suficiente. ¡Arrrrghhhh!

Por ejemplo, los estereotipos de belleza impuestos desde pequeñas o la presión que reciben las madres por ejercer una maternidad «ejemplar». Pareciera que nunca se le pueda dar gusto a nadie.

*Anotación. Si de casualidad estás leyendo este libro en el año 3000 esperamos que todo esto ya sea historia lejana y el mundo se haya solucionado, ¡yay!

«*Mientras que el mundo siga siendo misógino habrá barreras para que las mujeres puedan sentirse cómodas ocupando espacios de poder*».

Maynné Cortés,
psicóloga y creadora de Laboratorio Afectivo

Y a todo esto, ¿cómo andas con tu síndrome del impostorx?

Bb, nadie se salva de un mal día o de tener momentos en donde dudamos de nuestras capacidades, es totaaaalmente normal. Es más, incluso para redactar este libro que tienes ahora en tus manitas, nosotrxs tuvimos que surfear el síndrome del impostorx una y otra vez.

Pero ¿y si sucede todo el tiempo? ¿Si ese sentimiento de no merecer no te suelta? ¿Estás acaso viviendo un episodio agudo de síndrome del impostorx?

En realidad, no lo sabemos, la verdad, no somos tu terapeuta, pero preparamos una serie de casos prácticos inspirados en hechos 100% reales, verídicos y comprobables para que identifiques a esx impostorx que quiere boicotear tus planes.

1. **Estás a punto de aplicar a un nuevo trabajo, una beca o enviar un proyecto a un concurso.** Y juuuusto cuando vas a hacer clic en el botón de «enviar», algo dentro de ti dice: «No vale la pena, no te van a seleccionar, ya mil personas lo han hecho antes, no tienes nada nuevo que aportar».

¡Alerta de impostorx!

2. **Tienes una foto en donde sales fabulosx.** El día que te la tomaste te sentías invencible y tienes muchas ganas de compartirla en tus

redes sociales. Pero, cuando la vas a publicar empiezas a sobreanalizar todo: «Ni me veo tan bien, ese look no me queda tan chido, seguro alguien va a criticar mi cuerpo».

¡Alerta de impostorx!

3. **Tu jefx te llama a su oficina para felicitarte.** Dice que cumples con el perfil para cubrir el puesto que siempre has soñado, por lo que te ofrecen un ascenso. Sin embargo, de inmediato piensas: «No voy a poder con el reto, no soy tan buenx en mi trabajo, deberían darle el puesto a alguien más».

¡Alerta de impostorx!

4. **Estás en un evento y acabas de conocer a una persona que te gustó mucho.** Platican un rato, se llevan superbién y al final intercambian números de teléfono. Al día siguiente quieres mandarle un mensaje, pero tu mente enseguida te dice: «Te vas a ver superintensx si le escribes, espera a que te busque primero, de seguro te dio su número por compromiso».

¡Alerta de impostorx!

5. **Tus amistades deciden organizar una fiesta para celebrar que corriste un medio maratón.** Fue algo por lo que entrenaste durante meses. Pero en vez de disfrutar el momento solo puedes pensar: «No me merezco esto, no era para tanto, seguro tienen cosas más importantes qué hacer».

¡Alerta de impostorx!

Si te identificaste con más de tres ejemplos, *maifren*, podrías estar experimentando síndrome del impostorx. Pero no queremos que esto represente un bajón en tu vida. Más bien puedes empezar a explorar por qué te sientes así. ¿Con qué ideas creciste sobre merecer? ¿Cómo se medían tus logros cuando eras pequeñx? ¿Cómo se recibían tus fracasos? ¿A quiénes sentías que tenías que complacer? ¿A través de qué te enseñaron a validarte?

Tómate un momento para pensar en esto. Incluso puedes platicar sobre esas preguntas con tus amistades para conocer cómo ha sido su experiencia y qué cosas les ayudan cuando dudan de sus capacidades. Ándale, formen equipos de tres y discutan.

Haremos una bonita actividad. Primero que nada, expectativas razonables. Aquí nadie tiene una varita mágica para aventar un *bibidi babidi bu* y terminar con el síndrome del impostorx, pero sí se vale tener herramientas que te ayuden a creértela cuando más lo requieras.

Para este ejercicio vas a necesitar: tiempo para reflexionar, personitas que tqm y el corazón blandito. Ya que tengas todo eso revisa la siguiente guía.

Guía para vencer el síndrome del impostorx

(o al menos intentarlo)

INSPÍRATE EN TU PASADO

Conecta con los momentos en los que te hayas sentido orgullosx de ti y trata de explorarlos a fondo. ¿Qué estabas haciendo? ¿Qué sentiste? ¿Cómo lo lograste? ¿Por qué fue importante para ti ese reconocimiento, ya sea propio o ajeno?

SE VALE PEDIR AMORCITO

Pregúntale a las personas que te quieren qué cualidades les gustan de ti y qué habilidades te hacen destacar. Por lo general, las personas que nos aman ven fácilmente cosas que nosotrxs no advertimos.

ACONSÉJATE COMO LO HARÍAS CON UNA PERSONA QUE QUIERES MUCHO

A veces se nos olvida hablarnos desde la empatía, sobre todo cuando enfrentamos decisiones difíciles o sentimos que hemos fallado. Pero hay una regla sencilla: si no se lo dirías a tu mejor amix de esa forma, entonces no te lo digas a ti.

APLICA EL VALEMADRISMO

De plano, amistad. La próxima vez que te dé el síndrome del impostorx simplemente piensa que cualquier hombre *cisheteroblancopromedio* se lanzaría sin dudarlo. Y date permiso, al menos esa vez. Porque créenos, si alguien más lo logra —y lo hará— te dará muchísimo coraje no haber sido tú.

Atrévete-te-te

¿Alguna vez fuiste a un museo y al ver un cuadro pensaste: «Osh, yo pude haber hecho eso»? Bueno, en ocasiones la vida puede sentirse un poco así.

A menudo nos encontramos con personas haciendo algo que nosotrxs amamos o nos morimos de ganas de intentar, incluso sabemos que podríamos hacerlo mejor, pero no accionamos. Solo nos quedamos ahí, mirando a la distancia, con el coraje atravesado pensando «yo pude haber hecho eso». Igualito que en el museo.

Y aunque cada historia tiene su proceso, muchas veces la diferencia entre la idea y la acción es simplemente atreverse a hacerlo. Así nomás.

Atención, amistad, con esto nooooo estamos fomentando una mentalidad de echaleganismo al estilo «puedes lograr todo lo que te propongas con solo manifestarlo», porque sabemos que no es tan fácil. A lo que queremos llegar es que no necesitas tener tooooooodo resuelto para aventurarte a hacer algo nuevo.

En ocasiones, esperamos el momento y las circunstancias perfectas o queremos asegurarnos de saberlo todo antes de dar el primer paso, pero una parte muy importante del proceso de aprendizaje sucede, precisamente, sobre la marcha.

Créenos, por más meticulosa que sea tu preparación, siempre se van a presentar problemas inesperados. Y tocará soportar y resolver las situaciones. Pero siempre valdrá la pena saber que apostaste por ti y te atreviste a hacer lo que querías, incluso si no lo logras a la primera.

Si nuestro discurso motivacional funcionó y dentro de ti estás gritando: «Voy a dejarlo todo y abrir mi *spa* para perritos» amamos el entusiasmo, pero vamos a ponerle freno de mano tantito, solo tantiiiiiito. Porque, aunque ya dijimos que no necesitas tener todo resuelto, sí es deseable que tengas, cuando menos, un plan.

Activando mente de tiburón en 3... 2... 1...

En el mundo de los negocios existe un concepto llamado Mínimo Producto Viable —o MVP para los cuates, por sus siglas en inglés— que se refiere a la versión más elemental de un producto para poder lanzarlo al mercado y obtener retroalimentación de lxs usuarixs. O sea que quizás no es tu producto final ideal, pero sí uno que ya puede usarse como modelo.

«¿Y a mí qué?», te estarás preguntando. Aguanta, porque te prometemos que tiene mucho sentido aplicar esta metodología a tu vida profesional o personal, ya que te permite probar cosas nuevas sin arriesgarlo todo de jalón.

Más allá de pensar en un producto, lo que te proponemos es que desarrolles tu Mínima Circunstancia Viable (MCP). O sea, qué es lo básico que necesitas para que ese proyecto, idea o *hobby* que tanto quieres empiece a suceder.

Lo que te rodea no debe cambiar de la noche a la mañana ni de manera drástica, pero sí te puede invitar a experimentar una probadita de eso que quieres.

Por ejemplo, digamos que pretendes dejar tu trabajo para poner un salón de uñas. Tu MCP podría ser tomar un curso y comenzar a practicar con tus conocidxs los fines de semana. Luego puedes empezar a atender algunas citas a domicilio, ahorrar dinerito y posteriormente ya te lanzas al estrellato con tu salón de uñas *aesterik*. Es solo una idea.

Para hacer tu propio MVP —perdón, más bien MCP— preparamos una serie de preguntas. Puedes usar este ejercicio cuando sientas que tienes que tomar una decisión relevante (no importa si es cambiar de trabajo o terminar con tu pareja).

Test para tomar decisiones importantísimas sin paniquear... tanto

1. ¿Qué problema o desafío quiero resolver?

Puede estar asociado con tus metas, relaciones, salud, bienestar emocional, desarrollo personal, etc. Ahora sí que tú decides.

2. ¿Cuál es la importancia de resolver este problema?

O sea, por qué quieres solucionar ese problema en concreto, qué representa para ti.

3. ¿Qué opciones tengo en la actualidad para abordar ese problema?

A la antigüita, haz una lista y examina los pros y los contras de cada opción.

4. ¿Qué recursos, habilidades o conocimientos necesito para abordar este problema?

Define si tienes acceso a esas herramientas o si necesitarás buscarlas.

5. ¿Cuál es el costo de tomar esta decisión?

Y no hablamos solo de dinero, sino también los costos emocionales, de tiempo y energía.

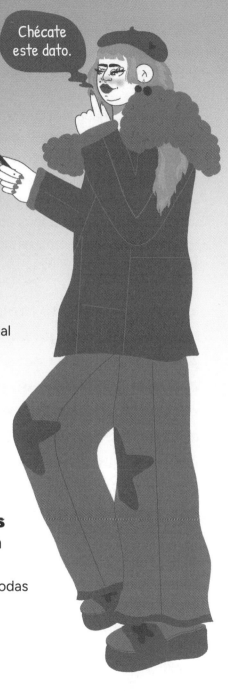

6. ¿Cuál es el plan de acción y cómo puedo implementarlo?

No pretendas abarcar todo de un jalón. Mejor divide el plan en pasos realistas con fechas para su ejecución.

7. ¿Cuáles son los posibles obstáculos y cómo podría superarlos?

Qué cosas son las que podrían salir mal y qué tan viable sería sortearlas.

8. ¿Cómo voy a medir mi progreso?

Define cómo es que se vería el éxito para ti y cómo sabrás que has alcanzado tus metas.

Observa con atención qué es lo que sientes al responder a estas preguntas:

terror, nervios, emoción, liberación, ¿todas las anteriores?

Desmenuzar una decisión importante de esta manera es una forma de ir resolviendo una cosa a la vez, a diferencia de sentir que te enfrentarás a una misión imposible.

¿Y qué pasa si nada sale como lo planeaste? Pues descubrirás —seguramente a la mala— nuevos caminos que no imaginabas posibles. Sabemos que eso puede sonar a discurso chafa de superación personal, pero es bien valioso aprender a reconfigurar la manera en la que entendemos el «fracaso». Y lo ponemos así, entre comillas, para quitarle poder, porque en nuestra sociedad nos han dicho que el error es algo que debemos evitar a toda costa, sin embargo, es ineludible.

Es como cuando te rompen el corazón. Se siente horrible, pero seguramente viviste nuevas perspectivas y emociones, hiciste callo, forjaste carácter y aun cuando pensabas que no te ibas a recuperar de ese desamor, el tiempo pasó y de pronto te descubriste turboenamoradx de otra persona, sintiendo todo todavía más intenso. Esto también puede pasar con un trabajo, proyecto, amistad o ideal de vida que tenías.

En ocasiones, el «fracaso» es un frenón de mano que la vida te pone para que te replantees las cosas. Piénsalo, a diario millones de personas atraviesan momentos de crisis donde sus planes se van a la mieeeeeeeeerdaaaa (¿podemos insultar en este libro? Ay, pues, ya lo hicimos. Una disculpita si herimos susceptibilidades), pero eso no significa que su propósito de vida pierda sentido.

Propósito de vid...
¿KHÉ?

Así como ya dejamos claro que el éxito se puede ver de muchas formas, el propósito de nuestra vida también es versátil. Hay personas que lo tienen muy claro y otras que no tienen ni idea. La ironía es que ambas, en el camino, van descubriendo cosas supervaliosas sobre ellxs mismxs.

Si en tu caso consigues paz mental al tener cuidadosamente estructurado tu plan de la A a la Z (¿eres virgo?), eso está excelente, pero también es importante que sepas que está bien si no sale como esperabas o de plano se te complica elegir algo entre el montonal de intereses que tienes (¿eres géminis?). Un fracaso no es el fin del mundo, aunque a veces se sienta así.

Maynné Cortés lo explica de forma maravillosa:

«La vida trata mucho menos de los resultados a los que llegas y más de los procesos que sigues, porque el resultado es una cosa muy breve, pero en el proceso puedes tardarte años».

Entonces, más que obsesionarnos con la idea de un propósito de vida definitivo, vale la pena explorar sobre aquello que más nos gusta hacer y trazar un camino abierto que nos permita tener ese disfrute.

Deja espacio para que la vida te sorprenda.

Encuentra tu chiclocentro

Aprender a encontrar ese bonito equilibrio entre las cosas que disfrutamos y nos dan sentido, pero que al mismo tiempo contribuyen a la sociedad y nos pueden generar ingresos es un arte.

En la cultura japonesa existe un concepto llamado *ikigai* que se refiere a aquello que es tu motor de vida, el «chiclocentro» de tu realización personal. Y se dice que para encontrarlo debes pensar en cuatro aspectos importantes en tu vida:

* Lo que amas hacer.
* Lo que el mundo necesita.
* Lo que te pueden pagar por hacer.
* Lo que eres buenx haciendo.

En la intersección entre esos conceptos es donde puedes encontrar tu misión, vocación, profesión y pasión. Muy chulo, ¿no?

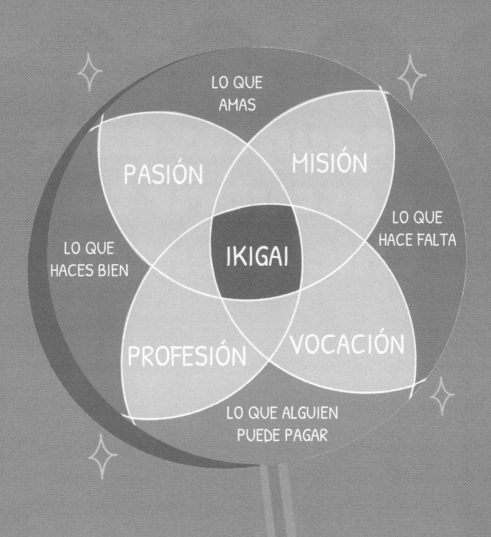

LO QUE
AMAS

PASIÓN

MISIÓN

LO QUE
HACE FALTA

LO QUE
HACES BIEN

IKIGAI

PROFESIÓN

VOCACIÓN

LO QUE ALGUIEN
PUEDE PAGAR

Preguntas para descubrir tu chiclocentro

Inspiradas en el *ikigai* decidimos crear nuestra propia lista de preguntas para que puedas explorar lo que te motiva. Así que prepara un espacio chulo, prende una velita o un incienso y regálate este momento de reflexión para responder.

Aunque, a quién engañamos, también te lo puedes aventar mientras vas en el transporte público de camino a tu casa, lo que te funcione mejor.

PASIÓN

* ¿Qué te mueve el *cora*? ¿Qué actividades o temas te emocionan y te llenan de energía?

* ¿En qué momentos te has sentido más auténticx y conectadx contigo mismx?

MISIÓN

* ¿Qué problemas sociales te preocupan profundamente y te gustaría cambiar?

* ¿Qué cosas realistas podrías hacer para apoyar esa causa?

VOCACIÓN

* ¿Qué habilidades crees que te hacen destacar en tu vida personal y profesional?

* Si pudieras dedicar tu tiempo a una actividad que te apasione, ¿cuál sería y por qué?

PROFESIÓN

* ¿Qué actividades dentro de tu trabajo actual disfrutas hacer y cómo puedes orientarte hacia ellas?

* ¿Qué puedes aprender de personas que se dedican a lo que a ti te gustaría hacer?

Esta puede ser una guía para explorar talentos y motivaciones que quizás no habías contemplado. Puedes regresar a este ejercicio siempre que lo creas necesario.

Pst, pst, nunca es tarde.

No importa lo que la sociedad te haya hecho creer: no hay un límite de veces que puedas reinventarte. Tampoco hay una edad determinada para seguir lo que te apasiona.

Existen innumerables ejemplos. Uno de ellos es el de la cantautora cubana Ángela Álvarez, que a sus 95 años ganó el Grammy latino a Mejor Artista Nuevo, en empate con la artista Silvana Estrada.

Aunque Ángela siempre amó cantar, su papá no le permitió seguir una carrera musical y su vida dio muchas vueltas: se casó, tuvo hijos, migró a Estados Unidos y trabajó en empleos que no tenían nada que ver con su pasión musical, pero nunca dejó de escribir canciones.

Un buen día la oportunidad llegó y ella estuvo lista, a sus noventa y tantos... Su nieto, músico y compositor, le propuso grabar un disco de 15 canciones y, bueno, el resto es historia. ¡Imagínate lo que habrá sentido Ángela recibiendo el Grammy, uno de los premios más importantes de la música latina!

«Les juro que nunca es tarde», dijo durante su discurso de aceptación. Y, ¿sabes qué?, le creemos.

Cómo resistir la hiperproductividad

Cuando organizas un viaje en carretera con tus amix sabes que en algún momento deberán hacer paradas para cargar gasolina, estirar las piernas y comer, ¿verdad? Curiosamente, no aplicamos esa misma lógica a diario.

Nos han metido en la cabeza el chip de que ser *workaholic* es sinónimo de éxito, pero tarde o temprano ese ritmo de trabajo desenfrenado termina por pasarnos factura en forma de estrés, ataques de ansiedad o insomnio, entre muchos otros problemas que pueden derivarse de una falta de sueño y descanso. Haznos caso, bb, nos ha pasado. Y no queremos que te suceda lo mismo.

Descansar es político... y necesario... y saludable... y HERMOSO.

Sabemos que descansar es clave, pero muchas personas sentimos que no lo merecemos o de plano ni tenemos tiempo para hacerlo. Esto está ligado en gran medida a la creencia de que nuestro trabajo y la cantidad de dinero que generamos define nuestra identidad, sentido de éxito y propósito. El capitalismo, di.

DESCANSAR NO ES PERDER EL TIEMPO.

Y este no necesariamente es un llamado a que le demos una patada ninja a nuestro escritorio y salgamos corriendo para gritar «¡renuncio!» (¿o sí?) o que no queramos ponernos metas y retos a superar, pero se trata de entender que el descanso también puede ser un indicador de éxito personal.

PAUSA, que es momento de echar una siestita

Una vez que ya hablamos sobre lo importante que es conectar con lo que amamos y regalarnos esos merecidos momentos de descanso, ¿cómo lo llevamos a cabo? Podemos empezar por lo más básico que es dormir bien. En serio.

En su libro *¿Por qué dormimos?*, el científico Matthew Walker —que ha sido consultor de sueño para la NBA, NFL y el estudio de animación Pixar— explica que dormir es el equivalente a «reiniciar el módem» de nuestra salud cerebral y corporal a diario, lo cual nos permite pensar con mayor

claridad, tener un mejor desempeño y estado de
ánimo, además de beneficios directos en nuestra salud
física. Nada más piensa en cómo te sientes después de
una noche de dormir sabroso y, por el contrario, lo insoportable
que te pones cuando duermes mal.

Walker menciona que una prueba rápida para saber si estás
durmiendo lo suficiente es responder a dos preguntas sencillitas.

Después de despertarte en las mañanas, ¿podrías volver a dormirte a las diez o a las once a. m.?

Si la respuesta es «sí», probablemente no dormiste
lo suficiente y tu sueño no fue de calidad.

¿Puedes mantenerte activx de forma óptima sin tomar cafeína antes del mediodía?

Si la respuesta es «no», entonces es muy probable
que estés usando el cafecito como muleta para
compensar tu privación crónica de sueño.

¡¡PUMMMMMM!!

Al igual que traemos fuertes declaraciones también venimos con
soluciones. Porque sí, mi ciela, en crisis existencial, pero solucionando.

Algunos consejos básicos que puedes aplicar para cuidar tu calidad
de sueño y descanso son:

* TRATAR DE ACOSTARTE SIEMPRE A LA MISMA HORA.

Entendemos que el perreo es sagrado, pero al menos trata de no desvelarte entre semana.

* CREAR UN AMBIENTE RELAJANTE PARA DORMIR.

Cual Audrey Hepburn en *Breakfast at Tiffany's* con antifaz y tapones en los oídos si es necesario.

* NO PASARTE HORAS HACIENDO SCROLL EN TU CELULAR ANTES DE DORMIR.

Luego por eso andas soñando cosas bien essssstrañas.

También puedes explorar técnicas ancestrales para relajarte como la meditación, usar aceites esenciales o escuchar sonidos relajantes (recomendamos los cantos de ballenas, 100% real, no *fake*).

Este tipo de prácticas pueden ayudarte no solo antes de dormir, sino a lo largo del día. De hecho, hay una práctica muy linda que es la atención plena (o mindfulness como dicen tus primas bilingües). Básicamente se trata de enfocarte a través de la respiración y la atención absoluta en el aquí y el ahora, en los sentimientos y sensaciones que percibes, el espacio que te rodea...

Una forma de lograrlo es mediante un ejercicio conocido como 5-4-3-2-1, que más que coreografía de K-pop consiste en usar tus sentidos para anclarte en el presente.

Aquí va la receta:

 Empieza por observar cinco cosas frente a ti.
Quizá es la pared de tu cuarto, una plantita, tu celular...

 Presta atención a cuatro cosas que estés sintiendo o tocando.
Puede ser tu cuerpo en la silla o la ropa sobre tu piel.

 Ahora pon atención a tres cosas que puedas escuchar.
¿Un perrito respirando? ¿Un avión que pasa? ¿La vecina escuchando cumbias?

 Toma consciencia de dos cosas que puedas oler.
Quizá es el champú en tu cabello o la tierra mojada por la lluvia.

 Concéntrate en una cosa que puedas saborear.
Tal vez la pasta de dientes o el manguito que te comiste hace rato.

¿Sentiste bonito? ¿Bajaste avión? ¿Alineaste tus chakras?

La idea de esta reflexión es que puedes regalarte momentos de descanso cuando te hagan falta.

Esos actos que generalmente tachamos de «poco productivos» o «pérdida de tiempo» son momentos necesarios de descanso y amor propio.

«*Cuidar de mí misma no es autoindulgencia, es autopreservación, y eso es un acto de resistencia política*».

Audre Lorde,
escritora y activista

Cápsula de los deseos

Si hoy despertaras y descubrieras que ya no es necesario trabajar para ganar dinero, porque todas tus necesidades están cubiertas por el resto de tu vida, ¿qué harías? ¿A qué actividades le dedicarías tiempo? ¿Qué te haría sentir realizadx?

Escríbelo en este espacio

(quién quita que un día lleguen los aliens y lo hacen realidad)

Ayyy, fue bonito imaginar ese escenario. Y aunque quizá no estemos cerca de vivir esa utopía, podemos analizar si alguna de las opciones que pusimos en nuestra lista es viable con lo que tenemos hoy. Tal vez no puedes dedicar tooooodo tu día a hornear pan y pintar cuadros de flores, pero sí puedes tomar una clase de pintura o intentar una nueva receta que viste en redes sociales. Paso a pasito. Suave, suavecito.

También puedes pensar en una actividad que...

* no cueste dinero.
* puedas hacer por ti mismx.
* lleves a cabo en cualquier lugar.

Y comprometerte a hacerla todos los días o por lo menos algunas veces a la semana. Bueno, ¡cuando menos una vez al mes!

Comenzar a dedicarle tiempo a las cosas que realmente nos apasionan nos permitirá entender nuestra realización fuera de las estructuras limitadas del deber ser.

¿Estás emocionadx? Nosotrxs también.

Cocina tu propia receta para el éxito

(¡y échale picante!)

Amistad, vamos con un breve pase de lista:

☐ **Ya sabemos que el trabajo no determina nuestro éxito.**

☐ **Que el síndrome del impostorx es inevitable, pero superable.**

☐ **Que podemos plantear una Mínima Circunstancia Viable antes de tomar decisiones drásticas.**

☐ **Que descansar es muy importante para la salud.**

☐ **Y que no debemos dejar de hacer cosas que amemos profundamente.**

De esta forma, llegó el momento de la pregunta del millón:

¿cómo crear mi propia definición de éxito?

Como te habrás dado cuenta, se trata de cambiar de perspectiva.

Literalmente (gira el libro para seguir leyendo).

Piensa que cocinar tu propia receta del éxito es como cuando le vas poniendo tu toque especial a un platillo. A pesar de que alguien te pasó las instrucciones tú le cambias algunos ingredientes, modificas las porciones o de plano la reinventas para darle tu sazón. Se trata de comer sabroso, de nutrirte.

Es decir, te toca hacer un ejercicio de honestidad y plantear qué es lo que realmente quieres TÚ en TU vida. No lo que te pusieron en el guion del deber ser, sino aquello que enciende tu alma; que te hace sentir en conexión con el mundo.

Somos mucho más que nuestro grado de estudios, el puesto que tenemos o el dinero que ganamos.

También somos la emoción que le dedicamos al chismecito con nuestras amistades; el gozo que sentimos al tomar una siesta en la hamaca. Somos nuestra capacidad de asombrarnos al ver un atardecer bonito o el tiempo que invertimos en mantener con vida a otro ser, ya sea una planta, animalito o hijxs.

Eso es algo que solo tú sabes y, si no, seguro estás en camino de descubrirlo. Porque aprender a validarnos a través de cosas que ante el sistema parecieran no ser importantes, pero que genuinamente nos causan felicidad, nos acerca a redefinir el éxito desde una mirada más amable y genuina.

Y no lo decimos solo nosotrxs. Sino también una de las pioneras del rock latinoamericano, Andrea Echeverri.

Consejos de una antidiva

Si no has tenido el gusto de conocerla, Andrea Echeverri es vocalista de la banda Aterciopelados, ceramista y mujer punk estrafalaria. Para ella el truco está en encontrar algo que te apasione verdaderamente y no soltarlo.

Cuando Andrea incursionó en el mundo de la música, por ejemplo, se enfrentó a muchos prejuicios sobre lo que se suponía que debía hacer una mujer rockera, pero en vez de doblegarse decidió forjar su propia identidad «antidiva», como ella misma lo llama.

Siempre tuvo muy claro que más allá de vender discos, lo que quería era descubrir quién era; qué tipo de arte quería hacer; qué canciones quería componer. Lo demás se fue dando gracias a mucha perseverancia y convicción.

Su consejo es que si hay algo que te hace muy feliz tienes que conservarlo y cultivarlo. «No puedes abandonar algo que te hace mucho bien, que te ayuda a levantarte todos los días con una ilusión. Tienes que inventarte una manera de seguir haciendo eso que amas».

Porque sí, amistad, esta vida está llena de desilusiones y de frustraciones, por eso las cosas que te hacen feliz hay que cuidarlas mucho.

«No hay que creer tanto en lo masivo ni en lo que te dicen los demás. Se trata de ir pedaleando lo que te gusta con disciplina, empeño, y constancia».

Gracias por tanta sabiduría, «florecita rockera».

«Hay que ser tercos y hay que ser rebeldes y hay que buscar las propias verdades».

Andrea Echeverri, vocalista de Aterciopelados

A veces arriba y a veces abajo

En ocasiones, pensamos que la realización es estar en un sentimiento de felicidad constante y perpetuo. «Ganando como siempre», diría la cantante Belinda. Pero la vida no se trata de sentirse bien en todo momento, sino más bien de contar con las herramientas necesarias para manejar los diversos estados emocionales que surgen en nuestro interior. Incluso los más retadores.

«El pánico que le tenemos a lo no placentero nos hace sentirnos insuficientes, cuando en realidad solo estamos experimentando algo muy humano».

Maynné Cortés, psicóloga y creadora de Laboratorio Afectivo

La realización personal también implica aceptar y abrazar la gama completa de emociones humanas, reconocer que todas ellas son válidas y tienen un propósito en nuestra vida. Es un proceso continuo de autodescubrimiento, autorreflexión y crecimiento.

Es como cuando tienes un mal *trip* (no es que nos conste, pero nos han contado). El *malviaje* no termina hasta que se tenga que acabar, está fuera de tu control, pero sí puedes recordarte a ti mismx que ese sentimiento de angustia es pasajero; puedes regresar a tu respiración mientras observas cómo esas emociones te atraviesan y luego te sueltan.

Y una vez que lo asimilas es cuando puedes comenzar a definir el éxito en tus propios términos y cuantas veces sea necesario; con un lenguaje que salga de lo más genuino y profundo de ti y con prioridades que nutran tu vida. Tu concepto del éxito no tiene por qué ser como el de nadie más y puede cambiar con el tiempo.

Así que juguemos:

¿Cuál es tu definición de éxito HOY?

_____

_____

_____

_____

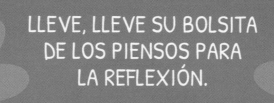

LLEVE, LLEVE SU BOLSITA
DE LOS PIENSOS PARA
LA REFLEXIÓN.

**Los indicadores de éxito
más importantes para mí son:**

_____

_____

_____

Soy genuinamente feliz cuando:

_____

_____

Mi palabra de poder es:

_____

_____

Capítulo 3

Tu cuerpo es tu casa

¿Recuerdas cuándo fue la primera vez que sentiste inseguridad sobre tu cuerpo?

Quizás alguien hizo un comentario sobre la forma en que vestías, tu talla o tu tono de piel. Es muy probable, incluso, que el comentario viniera de alguien que te quiere y lo dijera «por tu bien», supuestamente.

Aspirar a la belleza es algo que nos insertan en la mente desde la infancia con una promesa de éxito:

* Si tienes belleza, mereces amor.
* Si tienes belleza, obtienes reconocimiento.
* Si tienes belleza, eres protagonista de la película, básicamente.

Por si fuera poco, el concepto estético que se impone suele ser bastante limitado, como si todas las personas fuéramos figuritas que deben apegarse a un solo molde, cuando es evidente que somos una sociedad superdiversa. Tan solo piensa en las personas con las que estudias o trabajas, seguramente son muy distintas entre sí. Y aun así, la cultura se encarga de bombardearnos con productos, dietas e ideas que trazan un solo camino posible: cumplir con los estereotipos de belleza establecidos.

La primera vez que sentiste inseguridad sobre tu cuerpo ✳ **145**

Vivimos en una sociedad que todo el tiempo nos grita en la cara que tenemos que cambiar algo de nuestra apariencia. Y es precisamente en medio de esa avalancha de mensajes que se vuelve tan necesario hacer las paces con nuestro físico y la forma en que nos vemos. ¿Por qué? Porque nuestro cuerpo es nuestra casa. Literalmente, no podríamos experimentar la realidad sin él. Es el espacio más personal que ocupamos. El cuerpo contiene todo lo que somos, desde nuestros órganos hasta ideas, memorias y también algunos traumas. En otras palabras, tu cuerpo es tu casa.

Y así como en tu espacio físico a veces todo está muy ordenadito y reluciente, y te sientes de maravilla, es posible que en ocasiones también se vuelva caótico y lo único que quieras sea salir corriendo para habitar otro espacio, otro cuerpo. Pero hasta donde nuestro entendimiento de la ciencia lo permite, no existe una máquina teletransportadora que te permita cambiar de cuerpo en un 2×3, así que es necesario poner en orden las cosas de esta casa-cuerpo e ir decorando con aquello que realmente nos hace felices.

Y eso es justamente lo que haremos en este capítulo. ¡Vamos a darle!

El sistema no quiere que goces tu cuerpo... pero nosotrxs sí

¿Has pensado en todo el tiempo que pierdes juzgando tu cuerpo?

Cuando intentamos responder esa pregunta, casi nos vamos de espaldas y lo más probable es que tú también. Pasamos tanto tiempo criticando todo lo que no nos gusta de nuestro cuerpo que se vuelve agotador existir y olvidamos lo que sí nos gusta de él.

Nada más piensa en todos esos momentos en los que has puesto tu vida en pausa por miedo al qué dirán, y ahora pregúntate si esto es justo para ti. ¿De cuántas más cosas te vas a perder por el miedo a que el mundo te vea en tu cuerpo?

Y, a ver, sabemos que aceptarnos no es un proceso lineal ni sencillo, porque estamos hablando de una corporalidad que nunca deja de transformarse: el cuerpo cambia, la piel se arruga, aparecen manchas, se cae el cabello, etc. Y siempre estamos conciliando la imagen que tenemos de nosotrxs mismxs.

Es como cuando ves una foto tuya reciente y no te gusta cómo sales. Pero curiosamente cuando la observas meses o años después piensas que te veías espectacular y no tienes idea de por qué antes no te gustaba. Parece que vivimos en una distorsión perpetua sobre cómo nos vemos y no hay forma de librarse.

Esa incomodidad es una trampa que nos mantiene en una búsqueda constante de alcanzar un ideal que por lo general no definimos nosotrxs. Basta con explorar los filtros «embellecedores» que tienes guardados en tus redes sociales. ¿Puedes identificar qué tienen en común? Seguramente eliminan los poros abiertos o cualquier marca de tu piel, hacen que tu tez se vea un poco (o mucho) más clara, te ponen la nariz más «fina», los ojos grandes (incluso verdes o azules) o le añaden a tu boca una buena dosis de relleno. Pero ¿te has puesto a pensar quién decidió que así es como se ve una persona bella?

Pues el sistema, *maifrén*.

¿Y quién o qué es el sistema?

En términos generales, todo lo que nos rodea y nos bombardea con mensajes sobre cómo deberíamos ser. Que si las redes sociales, la televisión, los gobiernos. LA HEGEMONÍAAAAAAAAA.

Es cierto que reconocer como atractiva a una persona puede ser algo subjetivo. Como cuando tu amiga opina que cierto cantante fue tallado a mano por las diosas y tú de plano no le encuentras ningún chiste. Sin embargo, existen rasgos que socialmente se consideran más atractivos que otros, aka «estereotipos de belleza», los cuales requieren ser comprendidos y cuestionados.

Ok que nazcas, pero ¿puedes hacerlo con gracia?

Tal vez has escuchado —o incluso dicho— cosas como «La verdad su bebé está medio fex». Porque sí, amistad, sales del útero y parece que ya tienes la obligación de verte hermosx o cuando menos presentable. Esas frases que soltamos a la ligera ya empiezan a crear expectativas sobre la apariencia de una persona que ni siquiera entiende *khépedo* con el mundo.

Además, desde la infancia se delimitan las formas en las que las niñas y los niños deben verse según los estereotipos de género. Ese viejo cuento de que «lis niñis di azul y lis niñis di rosa», ay, parfavaaaaaar.

¿Ya tienes una idea de por dónde va esto?

Las «cosas de niñas» y las «cosas de niños» empiezan a limitar nuestras decisiones cuando ni siquiera somos conscientes de ello. Nos atrapan en una cajita rígida sobre los parámetros en los que podemos construir nuestra identidad y expresar nuestra personalidad. De modo que repetimos tanto esas normas que terminan por parecernos naturales.

El drama no termina cuando crecemos, porque todo el tiempo la cultura refuerza esas concepciones binarias del género que se cuelan, entre otras miles de cosas, en los estereotipos de belleza.

Mujer
estereotípicamente bella

CABELLO LARGO

FACCIONES FINAS

DELGADA

ESTATURA MEDIA

SIN NINGUNA DISCAPACIDAD

Hombre
estereotípicamente guapo

CABELLO CORTO

FACCIONES DURAS

FUERTE

ESTATURA ALTA

SIN NINGUNA DISCAPACIDAD

¿Recuerdas esas telenovelas (ejem, *Yo soy Betty, la fea* y todas sus adaptaciones) o incluso *reality shows* de cambio de imagen donde la protagonista era «fea», pero POR SUERTE era inteligente y tenía buen corazón?

Por medio de esos programas aprendimos que lo que se necesitaba para ser feliz era cambiar la apariencia (dejar de usar lentes, bajar de peso, alisarse el cabello, vestirse diferente, etc.) y entonces POR FIN podías atraer a tu vida el amor y el éxito que tanto anhelabas.

El sistema no quiere que goces tu cuerpo ✳ **153**

No es necesario explicarte cómo estos imaginarios han turboevolucionado en las redes sociales. Antes de estas y, sobre todo, de la creación de los filtros, esos estereotipos eran, de algún modo, inalcanzables: los veías en la pantalla, en la valla de publicidad o en las páginas de una revista. Soñabas con ellos y ya, volvías a la realidad. Ahora, con los filtros de plataformas como Instagram o TikTok, cualquiera puede encarnar, al menos de manera virtual, esos estereotipos de belleza. Esto ha derivado en una dismorfia colectiva, la cual ocasiona que muchas personas rechacen aún más la forma en que se ven y, en consecuencia, busquen tratamientos, cirugías y modificaciones estéticas para verse igual a como se verían en una *selfie* tomada con filtros.

¿Ves la ironía? Invertimos tiempo, dinero y energía para alcanzar una imagen que muchas veces ni siquiera existe fuera de lo digital.

Y no nos malinterpretes, no estamos diciendo que tener rasgos hegemónicamente bellos o aspirar a verte distinto esté mal, no va por ahí. El problema radica en que creamos que solo las personas que tienen esas características merecen cosas lindas, porque entonces dejamos de lado a tooooodas las personas que no se ven así. Y eso reduce casi a nada la belleza que existe en la diversidad.

«Mejorar la raza» y otros conceptos colonialistas

Hay un ¿chiste? malísimo que dice que si eres una persona morena te consigas una pareja rubia para «mejorar la raza», ¿te suena? Bueno, pues más allá de que le parezca una frase divertidísima a tu tío Juancho, este es un concepto sumamente racista que explica la concepción que en muchos países de Latinoamérica se tiene sobre la belleza después de la colonización.

Cuando los colonizadores llegaron, no solo impusieron su religión o política, sino que también su físico se convirtió en el parámetro sobre el cual debía medirse la gente. De ahí que surgiera un sistema de castas, el cual pretendía que las personas morenas o negras se volvieran más blancas para ascender en la escala social (esto seguro te lo enseñaron en la primaria).

Aunque todo eso sucedió hace muchos años, seguimos arrastraaaaando las secuelas de esa violencia que despreció rasgos distintos a los de los conquistadores. Como nos cuenta nuestra amix personal Marbella Figueroa, artista visual e integrante del proyecto Afrochingonas: «Si te trasladas de estos países europeos a América Latina y encuentras personas que no cumplen con tus parámetros de belleza, empiezas a categorizarlas como feas o malas».

Como herencia de estas heridas coloniales, Marbella explica que en su infancia sentía una especie de vergüenza e incertidumbre hacia su imagen. Prefería pasar desapercibida para que no le hicieran preguntas sobre su tono de piel o el tamaño de su cuerpo.

«El sistema ha determinado qué cuerpos son válidos y cuáles no. Y esa categorización se construye no solo desde los aspectos físicos, sino también morales, como cuando se piensa que las personas gordas somos flojas o descuidadas. Pasa lo mismo con la raza; las personas blancas tienen un valor intrínseco y las personas negras estamos desvalorizadas», menciona Marbella.

Así que no, el malestar que sueles sentir sobre tu cuerpo no está solo en tu cabeza, sino que hay todo un sistema que por años nos ha dicho que nuestros cuerpos «imperfectos» no son tan valiosos como otros. Y, de forma paralela, ha creado una industria millonaria que nos mantiene en una búsqueda constante por modificar nuestra apariencia.

Lo que está mal es el sistema, no tu cuerpo.

Marbella Figueroa, artista visual e integrante del proyecto Afrochingonas

Dietas, fajas y gordofobia

Que levante la mano quien nunca haya hecho una dieta...

Nadie la levanta

Casi todas las personas tenemos alguna experiencia con una dieta; ya sea porque la hicimos o vimos a alguien hacerla; porque leímos algún artículo sobre «formas fáciles de perder peso» o porque un amix nos convenció de entrar a un reto de jugos detox (tú sabes quién eres).

La vigilancia sobre las tallas ha sido una forma de controlar nuestros cuerpos, muchas veces con una promesa de salud que, de modo irónico, puede tener un efecto totalmente opuesto.

¿Quieres ver qué tanto? Acá va una lista de cosas que tenemos supernormalizadas (se vale marcar por cuántas de estas prácticas has pasado).

- ☐ **Pastillas para adelgazar.**
- ☐ **Fajas moldeadoras.**
- ☐ **Inyecciones para bajar de peso.**
- ☐ **Contar y restringir calorías.**
- ☐ **Masajes reductores.**
- ☐ **Ampolletas, tés o suplementos para bajar de peso.**
- ☐ **Cirugía bariátrica.**
- ☐ **Liposucción.**
- ☐ **Dietas de moda.**
- ☐ **Laxantes para perder peso.**
- ☐ **Rutinas de ejercicio excesivas.**
- ☐ **Terapias de calor o frío para eliminar grasa.**

La mayoría de estos productos y procedimientos buscan hacerte perder peso a toda costa, como si eso fuera sinónimo de salud, como si adelgazar solucionara mágicamente todos nuestros problemas. Hoy sabemos que no es así y cada vez más estudios demuestran cómo ciertos productos para bajar de peso incluso pueden ser perjudiciales porque conllevan efectos secundarios como taquicardia, hipertensión, ansiedad e insomnio.

La idea de que lo peor que te puede pasar en la vida es subir de peso y que debes de hacer todo lo que esté a tu alcance para «solucionar» ese «problema» ha resultado en una gordofobia que está presente en nuestra vida cotidiana de maneras más y menos sutiles. Por ejemplo, cuando pensamos que debemos compensar haciendo ejercicio después de comernos un dulce o cuando usamos frases despectivas hacia las personas con cuerpos gordos.

Aquí algunas frases gordofóbicas que nos URGE dejar de decir... y, de paso, unas alternativas:

ES MUY CHAFA DECIR:

ESTÁ BUENO DECIR:

ME FUI COMO GORDA EN TOBOGÁN.

COMÍ COMO GORDO.

ME CAE GORDO.

ME FUI COMO HILO DE MEDIA.

COMÍ MUCHÍSIMO.

ME CAE MAL.

¿No te parece curioso que a menudo se use la palabra «gordx» como un insulto, pero nadie considere ofensivo que lx llamen delgadx? Exacto, amistad. Eso es gordofobia. Ambos términos deberían ser descriptivos de las características de una persona, sin prejuicios de por medio, y eso es algo que las activistas de tallas grandes llevan años señalando.

Igual de problemática que la gordofobia es la glorificación de la pérdida de peso. Frases como «Bajaste de peso, ¡qué bien te ves!», que a menudo se dicen con buenas intenciones, pueden ser bastante cuestionables cuando tomamos en cuenta que:

 a) Detrás de una pérdida de peso puede estar una enfermedad física o mental.

 b) Alabar que alguien pierda peso puede enfatizar la idea de que ser delgadx a cualquier costo es mejor que no serlo.

 c) Tan simple y sencillo como el hecho de que no a todas las personas les gusta saber nuestra opinión sobre su cuerpo.

A medida que la ciencia y la medicina evolucionan, se ha dado a conocer que la relación entre peso y salud no es tan evidente como se piensa y que hay diversas creencias engañosas alrededor del tema.

De hecho, cada vez más especialistas en medicina y nutrición se posicionan desde enfoques que no son pesocentristas (es decir, su objetivo no está en la pérdida de peso). Una de ellas es la doctora Pamela Basulto, maestra en Nutrición Clínica, con quien nos echamos una platicadita.

Pamela cuenta que, cuando empezó a escuchar sobre este tipo de enfoques, decidió buscar evidencia científica que los respaldara, ¡y la encontró! Un estudio hacía referencia a cómo el estrés que algunas personas sienten por bajar de peso y apegarse a una dieta podía ser más perjudicial para su salud que no hacer una dieta en absoluto.

A partir de eso comenzó a entender cómo el estigma de peso tiene un impacto en lxs pacientes y cuáles eran las malas prácticas médicas que impedían a las personas desarrollar una relación sana con los alimentos. También se acercó a testimonios de activistas gordas que exigían un cambio de paradigma en la nutrición basada en el peso y la talla, pues muchas veces estos indicadores son más mitos que verdades. ¿Quieres enterarte de este chismecito?

MITO
Byeeee. Creer esto es muy retro

«Las personas son gordas porque no hacen ejercicio y no tienen fuerza de voluntad».

. . . .

REALIDAD
Lo que la evidencia ha demostrado

Hum, pues resulta que no, miciela.

Las personas venimos en todo tipo de tallas. Así como hay personas gordas que hacen ejercicio y tienen buenos hábitos alimentarios, puede haber personas delgadas que no tengan nada de condición física ni se alimenten de forma saludable.

El tamaño y peso de una persona, por sí solos, no pueden darte un diagnóstico de salud.

Lxs profesionales de la medicina tienen la obligación de escuchar la historia clínica y los síntomas de las personas, y no dejarse llevar solo por la apariencia ni echarle la culpa de todo al peso.

MITO

«Si siguieras la dieta al pie de la letra, bajarías de peso».

. . . .

REALIDAD

Varios estudios han demostrado que perder peso con dietas restrictivas no es sostenible a largo plazo para la mayoría de las personas.

En uno de ellos,* un grupo de investigadores comparó múltiples estudios sobre pérdida de peso a largo plazo y detectó que aproximadamente dos terceras partes de las personas que se ponen a dieta recuperan más peso después.

Además, no hubo hallazgo preciso que demostrara que las dietas mejoraran su salud a largo plazo.

---

*Medicare's search for effective obesity treatments: diets are not the answer.

MITO

«El Índice de Masa Corporal (IMC) refleja qué tan saludable o enfermx estás».

....

REALIDAD

Este índice se ha usado durante AÑOS para medir la «obesidad» y el «sobrepeso».

Consiste en una fórmula muy sencilla de dividir el peso entre la altura al cuadrado. Peeeeeeeero ¿sabías que esta medida es arbitraria y no contempla grupos demográficos diversos?

Se creó con datos exclusivamente de personas caucásicas (seguramente después de lo que has leído en este libro, esto no te sorprende tanto).

Por eso, amistad, es necesario tener perspectivas integrales. Un ejemplo de enfoque no pesocentrista es el HAES o **salud en todas las tallas** (viene del concepto en inglés Health At Every Size), que se centra en promover la salud y el bienestar, independientemente del peso o la talla.

Otro ejemplo es la **alimentación intuitiva** que, como explica la doctora Pamela Basulto, busca reforzar la capacidad natural que tenemos las personas de sentir hambre o saciedad.

«Cuando vamos creciendo, a veces nuestras mamás o papás nos hacen desconfiar de nuestras señales de saciedad o hambre. Como cuando nos dicen "tienes que terminarte todo el plato para poder ir a jugar". Luego, de adultos, creemos que tenemos que ir con una nutrióloga para que nos enseñe a comer. Pero la realidad es que todas las personas sabemos comer. Nacemos con esa capacidad».

Entonces, lo que pretende la alimentación intuitiva es ayudarnos a reconectar y escuchar de nuevo las señales de nuestro cuerpo.

Algo que nos encanta es que este tipo de enfoques le ponen un «hasta aquí» a la cultura de las dietas, esa idea que nos bombardea de forma constante con la presión de tener que alcanzar un cierto estándar de belleza a través de contar y limitar las calorías que comemos.

Como explica la doctora Pamela Basulto: «Por eso son tan importantes este tipo de enfoques más empáticos. Deberían ser la forma en la que se lleve a cabo toda práctica nutricionista ética, respetando las diferentes corporalidades que existen».

Por todo esto, es superimportante que empecemos a migrar hacia un concepto de salud integral donde entren en juego factores físicos, mentales, emocionales e incluso sociales que pueden influir en cómo nos sentimos.

Quizás eso nos ayude a ampliar nuestra visión y aceptar que, así como en el mundo hay personas de cabello rizado, ondulado o lacio, también hay tanto gente delgada como gorda. Reconocer esto abre el camino a dejar de juzgar y estereotipar a las personas según el tamaño de su cuerpo y, sobre todo, a dejar de juzgarnos a nosotrxs según el nuestro.

VIOLENCIA ESTÉTICA, ¡ya suéltanos el brazo!

A estas alturas, y quizá también por experiencia, sabes que los estereotipos de belleza son implacables y que afectan a todas las personas, pero son especialmente duros con las mujeres, al grado de hacernos sentir insuficientes de forma continua. Y el origen de esa sensación tiene nombre: violencia estética.

La autora de *Bellas para morir: estereotipos de género* y *violencia estética contra la mujer*, Esther Pineda, la define como «la imposición de ciertos estándares de belleza a las mujeres». Es decir, la misión de ser bella a toda costa para ser valiosa en esta sociedad.

Aquí te van algunos ejemplos de cómo se ve la violencia estética en el día a día:

1

Aceptemos que los vellos salen por algo. Si alguien decide dejarlos o no es su decisión, pero que no nos vengan con la doble moral de que en las mujeres se ve «mal» y en los hombres está OK.

2

Harrrrrrtxs estamos de que nos hagan sentir mal por el color natural de nuestra piel.

3

Ajá. Así se ve la imposición de la delgadez y el rechazo a los cuerpos gordos (cof, cof, gordofobia).

4

¿Podemos parar ya con el miedo a envejecer? Tu piel cambia con los años, dejemos de tenerle miedo a las texturas.

Lo más trágico de todo es que no solo nos exigimos cumplir con esos estándares, sino que también los demandamos en las demás personas. Como sociedad hemos aprendido a mantenernos vigilantes sobre otros cuerpos, como si fuéramos policías de la belleza o necesitáramos exorcizarnos a través de las inseguridades de otras personas para sentirnos mejor con nuestra imagen. Ay no, demasiadas vibras de *mean girl*... Bye.

Nosotrxs preferimos imaginar un mundo en donde les demos a las personas la libertad para ser y mostrarse como quieran. ¿Te imaginas que un día despiertes y descubras que ya no hay con quién compararte, porque a nadie le importa? ¿Que no fuera necesario señalar los «defectos», porque simplemente lo vemos todo como «características»? LA FANTASÍA. Teletransportación, llévanos, ¡queremos vivir ahí!

Pero, volviendo a la realidad y siendo muy honestxs, tampoco es como que de un día al otro vayas a terminar con todas tus inseguridades o que vayas a dejar de aspirar a las imposiciones de la sociedad. Podemos señalar lo problemático de un estereotipo y al mismo tiempo querer conseguirlo, porque somos seres llenos de contradicciones.

Lo importante es saber que no estamos condenadxs a sentirnos insegurxs con nuestro cuerpo y que podemos crear nuevas narrativas en las que nadie se sienta obligadx a ajustarse a la belleza heteronormada.

Actualiza tu relación con la belleza

Si en este punto estás pensando, «OK, todo bien con cuestionar los estereotipos de belleza, pero ¿cómo me libero de mí mismx?, ¿cómo me trato con más paciencia?».

Se nos ocurren algunas ideas:

 a) Para empezar, puedes **resignificar lo que te hicieron creer que era un defecto.** Aprender a mirarlo desde un enfoque donde encuentres valor en vez de prejuicios.

Hace ya varios años, una querida amiga (a la que llamaremos Alba) nos contó que ella siempre había sentido inseguridad por su nariz. La idea de hacerse una cirugía estética rondó por su mente varias veces. Sin embargo, cuando entendió que su nariz era un rasgo distintivo de su identidad familiar decidió que preservarla era mucho más hermoso que buscar que se viera como la de alguien más.

Su nariz era un mapa de su historia y de las personas de su familia que estuvieron antes que ella. Podía reconocer el rostro de sus antepasados en esa misma nariz que tantas veces le había incomodado.

Con esto no le estamos haciendo *shaming* a nadie que decida hacerse una cirugía. Ya estamos grandes y cada quien es libre de hacer con su imagen lo que quiera. Lo que queremos señalar es que sí que podemos cambiar la historia que nos contamos sobre lo que nos molesta de nuestra apariencia.

 b) Otra forma en la que podemos hacerle frente a la violencia estética es **reclamando espacios** que siempre nos parecieron inaccesibles. Es decir, dejar de limitarnos por el qué dirán y ganar lugares para explorar lo que siempre nos ha interesado.

Para la artista Marbella Figueroa, uno de esos espacios era el maquillaje. Desde pequeña le interesaba, pero sentía que no tenía cabida en ese ámbito: «No solo por las limitaciones económicas, sino porque me asumía como una persona fea que no pertenecía al mundo de la belleza, la moda, etcétera».

Muchos años después, cuando Marbella se animó a estudiar maquillaje, descubrió que ese momento frente al espejo era sumamente íntimo y poderoso.

«Para maquillarme, tengo que verme. Solo somos el espejo y yo. Y eso era lo que había rechazado durante mucho tiempo. Entonces, para mí, el maquillaje también es un proceso político y sanador que me ha ayudado a reconfigurar todas estas creencias que tenía sobre mí. Voltear a verme y estar presente».

Algo similar le pasó con la moda a Ferny Ruiz, creadora de contenido y activista por los derechos de las personas con discapacidad. Durante su adolescencia, Ferny sentía la necesidad de esconder su cuerpo para evitar las miradas incómodas de otras personas: «Me hacía sentir muy mal no solo tener un cuerpo en extremo delgado, sino visiblemente con discapacidad. Tenía la sensación de que incomodaba a los demás con mi mera existencia, entonces me privaba de muchas cosas por pensar en cómo me iba a ver la gente», nos cuenta Ferny.

Gracias a las diosas —y a su red de apoyo—, eventualmente Ferny decidió que no tenía por qué limitarse en su estilo personal y que incluso podía ser una forma de llamar la atención, no hacia su silla de ruedas, sino hacia ella como persona.

«Llegó un momento en el que dije "¡Estoy harta!". Y decidí que si mi presencia le iba a incomodar a alguien, pues que le incomode. Yo me voy a poner lo que quiera... Y si me vas a ver que sea porque me visto perrón o porque me maquillo increíble, pero no que me veas por algo que tú consideras anormal».

Como ves, todas las personas tenemos la capacidad de reconfigurar nuestra relación con la belleza. Estos procesos requieren tiempo y no son perfectos, pero nos acercan a un disfrute del cuerpo que es conciliador, en vez de violento. Sobre todo, nos regresan el control sobre nuestras propias historias, porque nadie puede hacerte sentir mal por algo que genuinamente no te importa.

Es como cuando tomas una decisión que va en contra de lo socialmente establecido como puede ser dejar de depilarte las axilas, no pintarte las canas, lo que se te ocurra. Al principio puede sentirse superincómodo, porque todos los prejuicios que tienes llegarán a atormentarte y hacerte sentir hipervigiladx, pero conforme te vayas sintiendo más a gusto contigo mismx se vuelve más fácil, hasta que deja de importarte. Le quitas poder a ese sistema que durante años buscó hacerte sentir menos. Es como si estuvieras girando el marcador a tu favor.

c) Una manera más es mirarte al espejo... pero no como siempre lo has hecho.

La autora y activista María Elena Esparza Guevara, quien además de tener una maestría en Desarrollo Humano le sabe mucho a esto de reconciliarnos con el cuerpo, explica que pasamos demasiado tiempo pensando en cómo nos perciben los demás, pero rara vez abordamos la forma en la que nos vemos a nosotrxs mismxs.

Y, honestamente, ese momento en el que te enfrentas al espejo puede ser realmente angustiante, porque empiezas a plantearte preguntas como: *¿qué pienso cuando veo mi reflejo?*, *¿quién soy sin las máscaras que me pongo frente a otras personas?*, *¿cómo me hablo a mí mismx?*, *¡¿en qué momento me convertí en mi mamá?!*

Ese diálogo interno, aunque pueda ser incómodo, es una manera muy importante de entendernos mejor. Para que puedas empezar a cultivarlo, te dejamos un ritual muy poderoso que María Elena realiza con muchas mujeres en su fundación Ola Violeta.

Ritual para empezar a reconciliarte con tu cuerpo

Nota: *la siguiente puede ser una experiencia FOOOOERTE, pero muy nutritiva, así que antes de empezar, asegúrate de tener un momento a solas, donde sepas que nadie te va a interrumpir.*

 Procura crear una atmósfera en la que sientas mucha paz; puede ser en silencio o quizá con música tranquila de fondo. Si quieres prende un incienso y ten a la mano una libreta, pluma y este libro.

 Enseguida colócate frente a un espejo lo suficientemente grande como para ver tu cuerpo y DESNUDARTE. Así, sin más. Si eso te parece demasiado, puedes hacerlo con ropa interior hasta que te sientas más en confianza.

 Una vez que estés como las diositas te trajeron al mundo (o en ropa interior), es momento de observarte: simplemente ve tu reflejo y trata de ubicar qué sensaciones y emociones te genera ese encuentro.

Si sientes un *cringe* tremendo y quieres salir corriendo, es normal. María Elena explica que no estamos acostumbradxs a mirarnos de frente y decir «Soy esto». Incluso hay personas que no pueden sostener el ejercicio más de un minuto la primera vez.

. . . .

 Todo lo que sientas, positivo o negativo, escríbelo en una libreta, tal y como surja de tu mente, no lo filtres, no lo juzgues.

Utiliza la silueta que se encuentra a continuación para ubicar las sensaciones en tu cuerpo. Por ejemplo: «Me encanta esta parte de mí», «Esto me causa inseguridad» o «Aquí siento ansiedad». Así crearás una especie de mapa emocional y corporal de este momento.

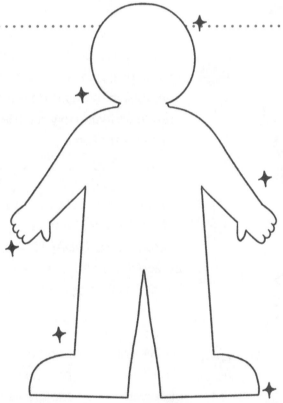

6 Ahora que tienes tu mapa emocional y corporal, pregúntate: *¿qué necesito hacer para reconciliarme con mi cuerpo?* Y, sobre todo, *¿qué pasaría si me acepto tal cual como soy? ¿Cómo me sentiría entonces?*

Anota tus reflexiones:

_____

_____

_____

_____

_____

_____

_____

Este ejercicio nos permite reconocer que muchas de las violencias que ejercemos contra nosotrxs mismxs son consecuencia de heridas sobre cómo debemos vernos. Reconocer eso es revelador porque puede ayudarnos a cuestionar el «deber ser» y a enfocarnos más en el «soy suficiente y merezco tratarme con dignidad».

BIENVENIDX AL GIMNASIO DE LA PERCEPCIÓN
(vamos a sudar prejuicios)

Así como los referentes de la TV y la publicidad entrenaron tus ojos y mente durante años para definir y apreciar un solo tipo de belleza, ahora es tu responsabilidad ampliar esos horizontes para descubrir todo lo maravilloso que existe en la diversidad.

¡Haz tu mochila imaginaria porque nos vamos al gimnasio de la percepción!

Nuestra interpretación de la belleza es como un músculo, en la medida en que lo trabajes —es decir, mientras más incorpores nuevos referentes, abandones tus prejuicios y entiendas la elasticidad del concepto «belleza»—, más fácil será reconocerla donde antes parecía imposible.

Como todo en la vida, ampliar nuestra percepción de la belleza es un proceso y no necesariamente uno fácil. Como decimos en México, «no son enchiladas», pero todos los días puedes hacer cosas que te acerquen más a esa curiosidad y admiración genuina por el mundo que te rodea.

Aquí te recomendamos algunas formas de entrenar tu mente y, de paso, tu corazoncito.

Ponle un estatequieto a tus prejuicios

Las personas solemos tener una reacción automática ante diversas situaciones. Algo nos gusta o no nos gusta. Fácil, ¿no? Pero como queremos ampliar nuestros horizontes, vamos a jugar a sabotear nuestra mente. En específico, la zona de confort de nuestros prejuicios.

Por ejemplo, imagina que vas caminando por la calle y ves a una chica vestida con unas medias neón, un tutú de bailarina, una camisa de futbol y mocasines. Quizá tu primera reacción sea pensar «¡Alguien ayude a esta pobre mujer!». Pero pregúntate por qué piensas de esa manera.

—«Porque me parece ridículo», supongamos que respondes. Sí, pero... ¿por qué?
—«Porque todos esos colores y prendas no combinan entre sí», dices.
Ajá... ¿por qué?
—«Porque hay reglas de moda que lo dictan», argumentas.
¿Y quién creó esas reglas?
—«Pues... personas que saben sobre moda y diseño», empiezas a dudar.
¿Y quiénes son esas personas?
—«Pues... gente... o sea, personas», exclamas ya con desesperación.
¿Y por qué te importa lo que piensan esas personas que no conoces?
—«Pues, porque... Pues... ¡porque sí!», gritas y luego te vas a llorar a un rincón.

Ojo. Después de tu reflexión igual puedes decidir que, en efecto, no te gusta algo, y todo está bien. Tampoco es que todo en esta vida te deba parecer hermoso, aquí no le entramos al positivismo tóxico, pero otra vez regresamos a la importancia de analizar qué tanto de esa perspectiva en realidad es nuestra o solo una repetición de lo que alguien más nos dijo.

«Lo que la gente critica de tu imagen habla más de sus prejuicios que de ti».

¿Qué pasaría si la próxima vez que te topes con esa misma mujer en vez de pensar «Ughhh, qué ridícula», piensas «Hermana, te miro, te observo, te analizo y te respeto»? O simplemente la dejas ser, porque al final de cuentas ella decidió vestirse de esa forma para mostrarle al mundo quién es, y eso tiene un valor enorme.

Tus prejuicios no hablan de la persona a la que criticas, sino de tus propias limitaciones. Aceptarlo duele, bb, pero para eso estamos aquí.

La libertad que le das a las demás personas para ser y expresarse es la misma libertad que te permites a ti.

Por amor a todas las diosas santas, ¡amplía tus referentes!

Piensa en las personas que sigues en redes sociales, ya sean cantantes, maquillistas, activistas, fashionistas, influencers, deportistas o gente que ni entiendes bien a qué se dedica, pero aun así admiras. Y ahora analiza realmente qué tan diversas son.

Lo que ves moldea tu realidad y si tu algoritmo está repleto de un solo tipo de referentes, entonces vas a pensar que es lo único que existe, y qué tristeza, verdaderamente, porque ¡de lo que te estás perdiendo!

Una de las bendiciones del internetssss es que podemos conocer y aprender de personas sumamente diversas e interesantes sin importar en qué parte del mundo se encuentren.

Mi pelo es historia y resistencia

Reconoce la belleza de culturas distintas a la tuya

Ya sabemos que los ideales de belleza se forjan desde la infancia con los referentes culturales que vemos y asimilamos como «correctos». Peeeeero, peeeeero se nos olvida un pequeñísimo detalle y es que nuestra experiencia no es el centro del universo. Lo que se considera bello en un país puede ser por completo diferente en otro lugar del mundo.

El primer paso para descubrir la riqueza de otras culturas es empaparse de ellas. No desde la apropiación *parfavaaaar,* **sino desde la curiosidad genuina y el respeto.**

Cuando entendemos cómo ciertas manifestaciones de la creatividad están apegadas a la identidad es claro que su propósito va mucho más allá de ser «bonitas» y eso las convierte en algo trascendental y poderoso.

¡VÍSTETE COMO SE TE DÉ LA GANAAAAAAA!

Si en este capítulo ya hablamos de que el cuerpo es tu casa, prepárate porque la ropa y los accesorios son la decoración.

La manera en la que nos mostramos al mundo dice mucho sobre quiénes somos: cuál es nuestro contexto geográfico, intereses e incluso nuestras creencias. No es lo mismo la moda en Japón que en México. Cada país le imprime su historia y sus referentes.

Incluso si piensas que la moda te vale un cacahuate, lo que te pones cuenta una historia sobre ti. No se puede escapar, amistad. Es como el suéter azul cerúleo (si entendiste la referencia, entendiste. Si no, ¿dónde has estado todo este tiempo y por qué no has visto *El diablo viste a la moda?*).

La moda no es solo un medio de expresión de la identidad personal, también puede ser una forma de resistencia.

La moda es política

Un ejemplo de cómo la moda puede desafiar las normas y transformar la sociedad es la minifalda. En la década de 1960, la diseñadora británica Mary Quant popularizó esta prenda que en su momento se consideró escandalosa y transgresora, pero que representaba la liberación de las mujeres respecto a las restricciones de la moda tradicional y la afirmación de su autonomía. Y aunque en la actualidad es una prenda común, su historia nos recuerda el poder transformador de la moda.

Sin irnos tan lejos, en América Latina tenemos el ejemplo del pañuelo verde, que se ha convertido en un símbolo poderoso de la lucha por la legalización del aborto. Las mujeres y personas defensoras de los derechos reproductivos han adoptado este símbolo para expresar su apoyo a la causa.

Así que, *ansory*, pero quienes piensan que hablar de moda es superficial no han dimensionado que es una forma de comunicación visual, que siempre tiene algo que decir sobre la sociedad que habitamos.

Algunas mentiras sobre moda que nos hicieron creer

También es verdad que la moda siempre ha pretendido establecer reglas sobre quiénes pueden usar cierta ropa según su estatus, edad y tipo de cuerpo. Como resultado, diversas personas con cuerpos no hegemónicos se han sentido limitadas de ponerse lo que en realidad las hace felices. Pero como las reglas se hicieron para romperse, queremos desmentir algunas de las creencias que siguen presentes en nuestra sociedad.

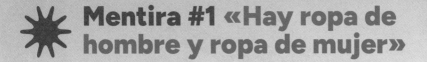 Mentira #1 «Hay ropa de hombre y ropa de mujer»

O sea, técnicamente sí, pero no.

Cuando vamos a una tienda de ropa, es común ver una sección de hombres y otra de mujeres. Para sorpresa de nadie, el binarismo de género está siempre presente en todas partes *pretende estar en shock*.

Hay prendas, cortes y estilos que pareciera que solo están destinados a ciertos cuerpos o que de forma tradicional se asocian a un género, aunque no siempre haya sido así. ¡Y traemos los recibos!

Según el chismecito, en un inicio, los tacones eran usados por los jinetes persas, pues les permitían mantener con facilidad los pies en los estribos. Y fue hasta años después que esa moda llegó a algunos países de Europa y fue adoptada por hombres europeos y, más tarde, por las mujeres.

Algo similar sucede con las joyas y los tocados de plumas coloridos. En la actualidad, estos son considerados ornamentos de mujeres, peeeeero a lo largo de la historia también los hombres han adornado sus cuerpos con semillas, conchas y piedras. Nada más que como nos colonizaron los referentes de belleza, de pronto se nos olvida.

Como estos, existen muchísimos ejemplos de cómo una prenda que se consideraba exclusiva de un género en una época, años más tarde se consideró distintiva de otro. Así que, por favor, ponte lo que se te dé la gana.

¡Taaaaaanto drama innecesario!

✴ Mentira #2 «Solo debes usar ropa que te "favorezca"»

Si te preguntaras cuántas veces los prejuicios sobre tu propio cuerpo te han impedido ponerte algo que te encanta, seguramente la lista sería laaaaarga. Y no es casualidad, por años hemos visto en revistas y redes sociales consejos para encontrar lo que más «te favorece».

«Si tienes cuerpo en forma de manzana, debes evitar la ropa ajustada en la zona de la cadera».

«Si tienes mucho busto, no debes usar escotes».

«Si eres alta, no debes de ponerte tacones».

«Si eres gorda, no te pongas bikini».

«Si eres muy bajita evita las prendas muy amplias».

«Si eres, si eres...».

¡Ay, qué fastidio! Aquí no hay prendas prohibidas para ningún tipo de cuerpo. La mejor prenda es la que te haga sentir cómodx y feliz, bb. Punto. Vienes a esta vida a experimentar, así que trata de atravesar la incomodidad y date permiso de vestirte como siempre has querido.

¿Que tu panza se marca en ese vestido entallado? Pues que soporten. ¿Que combinaste líneas horizontales y verticales? QUE SO-POR-TEN. Y si alguien te critica, los mandas a leer este libro.

Para inspirarte, aquí te dejamos nuestro cuadro de honor de personas que nos inspiran por su estilo fabuloso.

CUADRO DE HONOR DEL ESTILAZO

LIDO PIMIENTA

Por donde se le mire, esta artista es inspiración infinita. Desde las letras que escribe hasta sus dibujos y vestimenta, toda ella es una invitación a explorar nuestra creatividad de la forma más poderosa que imaginemos.

ALOK VAID-MENON

Amamos el estilo colorido de estx escritorx y poeta fabulosx. Por medio de la moda, Alok celebra su existencia y la de todas las personas que se atreven a desafiar las normas binarias establecidas.

ERYKAH BADU

Esta DIOSOTA siempre sabe cómo acaparar miradas. Su estilo es megaextraexperimental, pero la magia radica en que ella siempre lo hace ver como algo natural, sin esfuerzo, como si ella solo levitara estilosamente por el mundo.

JUAN GABRIEL

Nadie como el Divo de Juárez para dar una lección de estilo y elegancia. Siempre lo recordaremos vestido en sacos bordados o repletos de lentejuelas, mientras nos hacía soltar la lágrima con sus canciones.

Mentira #3
«Hay una edad determinada para cada estilo»

El estilo personal cambia con el tiempo, conforme te transformas y evolucionan tus gustos e intereses, pero esto no significa que haya cosas prohibidas después de cierta edad.

Si sabemos que la exploración de nuestra identidad y nuestro estilo es un proceso constante que nos va a tomar toda la vida, ni modo que a los treinta digamos «Ah, no, ya no voy a divertirme con lo que me pongo, porque soy señorx». No, no, no, acá se viene a gozar y a explorar, porque al final todo está conectado. Lo que llevamos por dentro y lo que mostramos por fuera.

La famosa diseñadora neoyorquina Iris Apfel es ejemplo de una persona que siempre se ha divertido con la moda. Su estilo excéntrico y maximalista es un recuerdo de lo bien que te la puedes pasar cuando no te importa lo que piensen los demás, porque el proceso que estás atravesando es sumamente personal.

Como Iris dijo alguna vez:

«La moda se puede comprar, pero el estilo es algo que posees. La clave del estilo es aprender quién eres, lo que puede tomarte años. No hay un mapa específico de cómo tener estilo. Se trata de autoexpresión pero, sobre todo, de tu actitud».

Iris Apfel, interiorista e ícono de estilo

Tiremos por la coladera las convenciones limitantes de la moda

Aquí va una ironía del estilo personal y es que mientras menos cumplas con las reglas que dicta LA MODA, como institución, más te acercarás a algo realmente genuino. Así que byeeee con las imposiciones rígidas de lo que es aceptable o no usar.

- [ ] **¿Que el café y el negro no pueden ir en un mismo look?: ¡por la coladera!**

- [ ] **No combinar accesorios dorados y plateados: ¡por la coladeraaaa!**

- [ ] **No mezclar demasiados estampados: ¡por la coladeraaaaaaaa!**

- [ ] **No usar sandalias abiertas con calcetín: ¡por la coladeraaaaa!**

- [ ] **Solo usar ciertas prendas si eres delgada: ¡por la coladeraaaaaaaaa!**

- [ ] **Las faldas y los vestidos son solo para mujeres: ¡por la coladeraaaaaaa!**

Hay que romper las convenciones tradicionales de la moda. Se puede hacer un remix con todo y nada a la vez.

Como te habrás dado cuenta a estas alturas del libro, aquí no creemos en moldes rígidos, así que para encontrar tu estilo personal puedes hacer un *collage* con todos los elementos que te representen. O bien, puedes decidir que quieres vestirte por siempre con los mismos pants y playera. Todo bien. Lo importante es que te sientas a gusto.

Por último, deja de pedir perdón por existir

¿Te has puesto a pensar qué tan normalizado está disculparnos por nuestra apariencia? Como si todo el tiempo tuviéramos que pedir perdón por ocupar un espacio, por el hecho de no cumplir con ciertos estándares.

Lo puedes notar en frases como «Disculpa que me vea demacrada, no tuve tiempo de maquillarme» o «No tuve tiempo de arreglarme». Incluso a veces, cuando nos hacen un cumplido, nos resulta difícil aceptarlo sin más. Decimos cosas como: «Para nada» o «¿Es en serio? Si yo me siento horrendx».

Así que para deshacernos de esta necesidad compulsiva de disculparnos todo el tiempo por cómo nos vemos, proponemos primero tomar conciencia de ello.

Reconocerlo cuando sucede hará que la próxima vez que estemos a punto de abrir la boca para pedir perdón por nuestra apariencia tratemos de no decir nada. Mejor mostrémonos tal como somos, sin excusas. Y si te halagan, recibe las palabras con un «Se sabe».

—Ayyy, ¡pero qué chulo tu vestido!
—Se sabe.

—Amix, qué lindo tu nueeeevo corte de pelito.
—Se sabe.

*No dejes que
te limiten
las reglas,
ni las tallas,
ni las concepciones
tradicionales
de género.*

**¡Queremos verte
BRILLAR!**

Bolsita de piensos

El concepto que más me cuesta sanar sobre mi imagen personal es:

_____

_____

_____

Algunas cosas que podrían ayudarme a reconciliarme con mi imagen son:

_____

_____

Algo nuevo que quiero intentar con mi estilo personal es:

_____

_____

NOTA FINAL

TQM, siempre cambia

Necesitamos que en este momento sueltes este libro y te des un aplauso. Es más, date muchos, porque todo el camino que hemos recorrido hasta este punto ha estado repleto de cuestionamientos y reflexiones que seguramente no fueron fáciles de asimilar. Así que clap, clap, clap. 👏

En estas páginas hemos hablado sobre cómo descubrir quiénes somos, la importancia de cuestionar el éxito para definirlo en nuestros propios términos y algunas ideas para romper con los estereotipos de belleza, así como sentirnos más felices en nuestra propia piel. Hemos llegado a muchas conclusiones en conjunto, pero quizá la más certera es que nadie tiene todo resuelto, de verdad nadie, y que lo más importante para crear una vida auténtica es cuestionar lo que nos contaron, desechar lo que no nos sirve e inventarnos el resto a nuestra medida.

Hay quienes llaman a esto «deconstrucción», pero tú ponle el nombre que te plazca. El punto es que desmontar las estructuras es un proceso que toma tiempo y no es una carrera con una meta única a la que llegas y ya está, y te sientas a tomar un juguito. Esto no se acaba hasta que se acaba. ¿Suena estresante? Chance, pero es igual de emocionante porque eso significa que vas a pasar la vida aprendiendo nuevas perspectivas y conceptos. Es decir, significa que vas a evolucionar a la par del mundo. Y eso es lo mejor que te puede pasar.

Porque, por el amor de las diosas, ¿qué puede ser más aburrido que llegar a grande y convertirte en una de esas personas que resuelven todas las discusiones con un «pues en mi época no era así y punto»? Nada. ¡El terror de la cerrazón mental!

¿Recuerdas cuando escribías «TQM, vales mil, nunca cambies» para despedirte en una carta? (Perdón si la referencia es bien *mileññññal*, pero qué le vamos a hacer, ya somos señoras). Bueno, pues para cerrar este bonito libro que escribimos como una gran carta de amor para ti, queremos proponerte un mensaje distinto:

~~TQM, nunca cambies.~~
TQM, siempre cambia.

Porque cuando cuestionamos, reflexionamos y cultivamos la curiosidad, sí o sí vamos a transformarnos. No solo una, sino muchísimas veces. Así que te deseamos que siempre cambies y te des permiso de equivocarte, mudar de opinión y enfrentarte al amigadatecuenta las veces que sean necesarias.

Esperamos que este libro haya aportado a tu búsqueda y te haya dejado ideas y preguntas nuevas para seguir indagando. Te invitamos a mantenerte curiosx y a contemplar que, al igual que tú, muchas personas están buscando su propio camino. Ten compasión por ellas y, por supuesto, por ti mismx; mira todas tus versiones y reconoce que la persona que eres hoy no existiría sin aquella que fuiste ayer.

Estás haciéndolo muy bien. Por favor, date chance y trátate bonito, lo mereces.

Con amor y rebeldía,

MALVESTIDA

Agradecimientos

Los sueños no se construyen en solitario. Hace falta una red de personas igual de apasionadas, igual de persistentes, que reconozca el potencial y esté dispuesta a compartirse.

Así que gracias a todas las personas que generosamente nos dieron su tiempo, experiencia y conocimientos para poder crear este libro.

Gracias, Paola Alín, por las palabras y el entusiasmo al corredactar este libro.

Gracias, Alexandra Verdugo, por llenar de magia ilustrada estas páginas; y a Diana Caballero y Fer Oms por cuidar con tanto amor la dirección de arte junto con Diana Urbano.

Gracias, Ali, Santi, Diana, Adri, Mónica, Nabanni y Arantza, por siempre saber hacer equipo.

Gracias a nuestras editoras, Ketzalzin y Marce, por su paciencia y acompañamiento en cada parte del proceso.

Pero, sobre todo, gracias infinitas a todas las personas de nuestra comunidad Malvestida que nos han permitido crecer junto con ellas a lo largo de todos estos años.

Con rebeldía,

Ale Higareda Patrón,
fundadora y directora de Malvestida